我们一起解决问题

供应链风险管理

体系建设、运营与评估指南

贵州电网物资有限公司供应链风险管理体系项目组　著

人民邮电出版社

北　京

图书在版编目（CIP）数据

供应链风险管理：体系建设、运营与评估指南 / 贵州电网物资有限公司供应链风险管理体系项目组著. -- 北京：人民邮电出版社，2022.1
ISBN 978-7-115-57539-5

Ⅰ. ①供… Ⅱ. ①贵… Ⅲ. ①供应链管理－风险管理 Ⅳ. ①F252

中国版本图书馆CIP数据核字(2021)第201479号

内容提要

这是一本关于供应链风险管理体系建设、运营与评估的指南，致力于解决供应链风险管理体系怎么建设、怎么运营和怎么评估的问题。

全书共 12 章。其中，第 1 章和第 2 章是对全书的总述，介绍了供应链风险管理体系建设的方针、目标和原则等；第 3 章至第 12 章介绍了供应链风险管理体系的十大建设和运营要素，包括供应链业务基准风险库建设，风险分类与描述，风险评估方法的选择与创新，风险应对措施与层级，风险管控手册的编制与使用，风险管理体系的运营与实施，风险管理体系运营培训，风险管理体系运营信息系统，风险管理体系跟踪、监督与动态管理及风险管理文化塑造。

本书适用于各类大中型企业的供应链风险管理，适合各类企业的中高层管理人员、供应链风险管理人员及企业供应链风险管理培训和咨询人员阅读。

◆ 著　贵州电网物资有限公司供应链风险管理体系项目组
　　责任编辑　陈　宏
　　责任印制　胡　南

◆ 人民邮电出版社出版发行　北京市丰台区成寿寺路 11 号
　　邮编 100164　电子邮件 315@ptpress.com.cn
　　网址 https://www.ptpress.com.cn
　　天津千鹤文化传播有限公司印刷

◆ 开本：700×1000　1/16
　　印张：16.25　　　　　　　　　　　2022 年 1 月第 1 版
　　字数：200 千字　　　　　　　　　2022 年 1 月天津第 1 次印刷

定价：79.00 元

读者服务热线：(010) 81055656　印装质量热线：(010) 81055316
反盗版热线：(010) 81055315
广告经营许可证：京东市监广登字 20170147 号

贵州电网物资有限公司
供应链风险管理体系项目组

建设阶段

领导小组

组　长：李　江
副组长：付万明　刘　宁　林　虎　周　龙
成　员：张　磊　杨　辉　付祥玲　尚燕来
　　　　李丽军　刘照祥　钟映紫　贺志平
　　　　吴诚昊　胡　鹏　王文果　赵　研
　　　　罗文君

体系办

主　任：刘　宁
副主任：杨　辉
成　员：邱　玲　王　婷　柴利达　张鸽梅
　　　　胡　滨　何　宁　刘建成　唐　艳
　　　　罗　剑　薛沁文　邹思华　薛力铭
　　　　钟　炜　杨　洁

运营阶段

领导小组

组　长：曾　毅
副组长：蒋良建　付万明　刘　宁　林　虎
　　　　周　龙　王子博
成　员：张　磊　付祥玲　尚燕来　王文果
　　　　钟映紫　吴诚昊　胡　鹏　罗文君
　　　　赵　研　刘建成　薛力铭　邹思华
　　　　王翔波　岳凡与　郑佳妮　佘长浩

体系办

主　任：蒋良建
副主任：刘建成
成　员：邱　玲　唐　艳　薛沁文　何　宁
　　　　钟　炜　胡　滨　罗　剑　张鸽梅
　　　　王　婷　杨　洁

前 言

这本指南主要解决供应链风险管理体系怎么建设、怎么运营和怎么评估的问题。在本指南中,供应链风险管理体系的建设、运营和评估是一体化的,涵盖供应链风险管理的各部分、各层面和各阶段因素,共同形成一个紧密相扣的闭环。

本指南始于风险管理方针、目标与原则,以供应链业务基准风险库建设为载体,基于科学、准确的风险分类与描述,基于风险评估方法的选择与创新,基于精准的风险应对措施,基于供应链风险管控手册,基于完善的组织设计和培训设计,基于线下与线上相结合的风险管控工作方式,最终形成企业的风险管理文化。

具体来说,本指南主要介绍了以下内容。

(1)线下的风险管控,主要内容包括如何建设、更新供应链业务基准风险库和创新评估方法。本指南对供应链业务基准风险库的形成过程做了详细的描述,建立了一整套的标准、规范和模板,以便于线下建设、更新供应链业务基准风险库和改进风险评估方法。

在供应链业务基准风险库的运营过程中，更新和改进供应链业务基准风险库都要严格遵守这些标准、规范、模板和评估方法。评估方法的创新需要全员关注，创造完全符合供应链业务的风险评估方法是全员主要的努力方向。只有评估方法有所创新，风险识别、风险分析和风险评价才会更加精准，风险评估才会更加准确，风险应对才会更加有效。

（2）风险应对措施的制定和计划的执行，是风险管理体系的核心内容。本指南对计划的制订，应对措施方案的选择及计划执行的跟踪、监督和改进都做了相应的讲解。

（3）风险管理体系的线上运营，是未来的主要发展方向，其主要内容包括如何搭建系统、如何实现功能、如何应用数据、如何实现数据化和智能化及如何与其他管理体系融合。对于线上运营信息系统的建立和相应的准备工作及需要考虑的因素，本指南也提供了意见，这些意见在试运营后会随着实践不断得到完善。线上运营的核心是智能化、数据化、模型化和风险预警化，这是线上运营的目标和抓手。

（4）对于运营整个风险管理体系所需进行的组织体系和培训体系的建设、跟踪、监督和评估，以及这两个体系与其他体系的融合，本指南也提供了相应的解决方案。如何建设组织体系需要企业根据自己的情况决定，不同的企业可以选择不同的方式。对于如何建设培训体系，本指南从培训设计到培训运营都提供了意见，企业可以参考。对于风险管理体系与其他体系的融合及风险管理体系的跟踪、监督和评价，本指南也提供了具体的指导意见。

（5）风险管理体系的建设要形成风险管理文化。对于如何建设、形成风险管理文化，本指南也提供了意见。

本指南提供的意见、方法只是建议、指导和思路，每家企业都有不同的情况，各企业可以根据自己的情况选择或创新使用。

本指南可供供应链业务各模块、各职能部门使用，而且需要被不断完善和更新，以作为供应链风险管理部门及人员的工作手册。本指南适用于各类大中型企业，尤其是在业内具有相当影响力的平台型企业。

目 录

第1章　供应链风险管理体系建设、运营与评估　1

1.1　供应链风险管理体系概述　3

1.1.1　供应链　3

1.1.2　供应链风险　3

1.1.3　供应链风险管理　4

1.1.4　供应链风险管理体系　4

1.1.5　供应链风险管理体系与其他管理体系的关系　4

1.2　供应链风险管理体系建设　8

1.2.1　风险管理体系建设的概念　8

1.2.2　建设的组织规划　8

1.2.3　参与范围的确定　11

1.2.4　参照标准的确定　11

1.2.5　常见术语的确定　15

1.3　供应链风险管理体系运营　18

1.3.1　风险管理体系运营的概念　18

1.3.2　运营组织的建设　18

1.3.3 运营方案的起草　19

1.3.4 运营过程的控制　20

1.3.5 运营结果的评审　21

1.4 供应链风险管理体系评估　23

1.4.1 风险管理体系评估的概念　23

1.4.2 评估方式的选择　23

1.4.3 自我评估　24

1.4.4 第三方评估　25

1.4.5 联合评估　25

第2章　供应链风险管理体系建设方针、目标及原则　27

2.1 供应链风险管理体系建设方针　29

2.1.1 企业风险管理总方针　29

2.1.2 供应链风险管理方针　31

2.2 供应链风险管理体系建设目标　32

2.2.1 风险管理的总体目标　32

2.2.2 供应链风险管理目标　33

2.2.3 各业务风险管理目标　33

2.3 供应链风险管理体系建设原则　35

2.3.1 以需求单位为关注焦点，整合链，协调流，创造和保护价值　35

2.3.2 链式思考，流式管理　36

2.3.3 着眼未来，重在预防　36

2.3.4 注意量体裁衣，建设、运营一体化　37

2.3.5 从组织治理出发，发挥领导层作用　38

2.3.6 全链，全流，全员积极参与　38
2.3.7 要关注过程，更要重视方法　39
2.3.8 充分利用信息，基于分析和评价制定应对措施　39
2.3.9 利益相关方关系管理　40
2.3.10 嵌入管理过程，融入其他体系　40
2.3.11 线上线下相结合　41
2.3.12 动态变化与持续改进　41

2.4 供应链风险管理体系建设框架与流程　43
2.4.1 供应链风险管理体系建设框架　43
2.4.2 供应链风险管理体系建设流程　44

2.5 供应链风险管理体系的业务建设　48
2.5.1 需求计划管理　48
2.5.2 采购管理　49
2.5.3 供应商管理　50
2.5.4 合约管理　51
2.5.5 品控管理　51
2.5.6 仓储配送管理　52
2.5.7 逆向物流管理　53
2.5.8 应急管理　53
2.5.9 监督管理　54
2.5.10 人力资源管理　55

第3章　供应链业务基准风险库建设　57

3.1 风险库设计　59
3.1.1 风险库建设原则　59

3.1.2　设计风险库框架　61

　3.2　风险点收集　63

　　　3.2.1　观察调查　63

　　　3.2.2　问卷调查　64

　　　3.2.3　访谈调研　65

　　　3.2.4　现场培训　67

　3.3　风险库建设　69

　　　3.3.1　初步成库　69

　　　3.3.2　持续更新　71

第4章　供应链业务风险分类与描述　73

　4.1　认识风险与问题　75

　　　4.1.1　什么是风险　75

　　　4.1.2　什么是问题　75

　　　4.1.3　两者的区别　77

　4.2　风险类型　81

　　　4.2.1　风险类型的分类标准　81

　　　4.2.2　廉洁风险　82

　　　4.2.3　合规风险　83

　　　4.2.4　财产风险　83

　　　4.2.5　交付风险　84

　　　4.2.6　作业风险　84

　　　4.2.7　风险类型的变更和演进　84

4.3 风险类别　　86

    4.3.1　风险类别的分类标准　　86

    4.3.2　风险类别命名与供应链业务关系　　86

    4.3.3　供应链主要类别名称　　87

4.4 风险名称　　89

    4.4.1　风险名称的命名方法　　89

    4.4.2　供应链主要风险名称　　89

4.5 风险点及描述　　97

    4.5.1　风险点　　97

    4.5.2　风险点描述句式　　97

第 5 章　供应链风险评估方法的选择与创新　　99

5.1 风险评估　　101

    5.1.1　风险评估的定义　　101

    5.1.2　风险评估的流程　　102

    5.1.3　风险评估的对象　　105

5.2 供应链风险识别　　107

    5.2.1　供应链风险识别的定义　　107

    5.2.2　供应链风险识别方法的选择　　108

    5.2.3　供应链风险识别方法的创新　　109

5.3 供应链风险分析　　110

    5.3.1　供应链风险分析的定义　　110

    5.3.2　供应链风险分析方法的选择　　111

    5.3.3　供应链风险分析方法的创新　　113

5.4 供应链风险评价　114

    5.4.1　供应链风险评价的定义　114

    5.4.2　供应链风险评价方法的选择　114

    5.4.3　供应链风险评价方法的创新　126

    5.4.4　供应链风险定级　127

第6章　供应链风险应对措施与层级　129

6.1 供应链风险应对措施　131

    6.1.1　供应链风险应对的定义　131

    6.1.2　供应链风险应对策略的制定　131

    6.1.3　供应链风险应对措施的盘点和分类　132

    6.1.4　供应链风险应对措施的撰写及模板　133

6.2 供应链风险应对措施的制定　135

    6.2.1　制度、流程的制定与补充　135

    6.2.2　实施细则的制定与补充　136

    6.2.3　方案、方法的制定与补充　136

6.3 供应链风险应对层级　138

    6.3.1　单独应对　138

    6.3.2　联合应对　138

6.4 供应链风险应对计划的制订　140

    6.4.1　风险应对小组　140

    6.4.2　制订风险应对计划　140

    6.4.3　选择风险应对方案　141

第7章　风险管控手册的编制与使用　143

7.1　风险管控手册的编制　145
7.1.1　编制要求　145
7.1.2　结构设计　146

7.2　风险管控手册的使用　151
7.2.1　引导使用手册　151
7.2.2　定期审定手册　152
7.2.3　风险管控手册与运营信息系统的建设　152

第8章　风险管理体系的运营与实施　155

8.1　组织设计　157
8.1.1　考虑因素　157
8.1.2　组织形式　159

8.2　组织架构与责权设计　161
8.2.1　组织架构设计的四种方式　161
8.2.2　组织架构、职责分工、工作机制　164
8.2.3　职能部门内部管理职责设计　168

8.3　运营与实施方案设计　170
8.3.1　制定实施方案　170
8.3.2　规章制度建设　172

第9章 风险管理体系运营培训 177

9.1 培训活动设计 179
9.1.1 课程设计 179
9.1.2 课程开发 181

9.2 培训活动运营 184
9.2.1 培训方式创新 184
9.2.2 课堂模式创新 185
9.2.3 培训成果转化机制设计 186

9.3 内训机制 189
9.3.1 内训师选拔 189
9.3.2 内训机制设计 191

第10章 风险管理体系运营信息系统 195

10.1 线上运营管理 197
10.1.1 录入管理 198
10.1.2 权限管理 200
10.1.3 提醒管理 201
10.1.4 报警管理 202

10.2 调整改进管理 204
10.2.1 调整管理 204
10.2.2 完善管理 205
10.2.3 更新管理 206
10.2.4 协同管理 206

目录

第11章　风险管理体系跟踪、监督与动态管理　209

11.1　风险管理的跟踪管理　211
- 11.1.1　应对措施实施计划跟踪　211
- 11.1.2　各部门、各应对层级信息沟通跟踪　214
- 11.1.3　供应链年度重大风险应对　215

11.2　风险管理的监督检查管理　218
- 11.2.1　风险管理工作自查和检验　218
- 11.2.2　风险管理策略、风险管理评估方法自查和检验　219

11.3　供应链风险管理体系的评审与改进　220
- 11.3.1　风险管理体系评审概述　220
- 11.3.2　评审过程控制　221
- 11.3.3　风险管理体系运营持续改进　224

第12章　塑造供应链风险管理文化　229

12.1　风险管理文化塑造　231
- 12.1.1　融入企业文化　231
- 12.1.2　塑造风险文化　235

12.2　风险管理文化应用　240
- 12.2.1　与人事制度结合　240
- 12.2.2　与绩效奖励制度结合　241

第 1 章
供应链风险管理体系建设、运营与评估

1.1 供应链风险管理体系概述

1.1.1 供应链

供应链是一种范围广阔的企业结构模式,它围绕着核心企业,将供应商、制造商、分销商、零售商和最终的用户连在一起,形成一个整体的功能网链结构,通过对企业物流、资金流和信息流的控制,从而实现网链结构中相关组织整体价值的提升。

需要注意的是,网链结构中的相关组织可包括供应商、制造商、招标代理、内部配送中心、采购管理机构及联系最终用户的其他实体。

1.1.2 供应链风险

风险是指不确定性对目标实现产生的影响。影响是现实与预期结果产生的偏差,可以是积极的、消极的或两者兼有,同时产生或伴随着机遇与威胁。风险通常被描述为风险资源、可能性事件、后续影响及可能性等。从某种意义上讲,风险 = 可能性 + 结果。

因此，供应链风险是指企业供应链业务运行过程中的各种不确定性对业务目标的实现所产生的影响。

1.1.3 供应链风险管理

供应链风险管理是指挥和控制某一项目或组织与供应链风险相关问题的协调活动，其目的是防控风险的发生和降低风险产生的负面影响或损失。

1.1.4 供应链风险管理体系

供应链风险管理体系是供应链风险管理过程中各种管理要素的总集，包括对供应链业务风险的定义、分类、评估和应对，以及供应链风险管理体系的组织设计、运营培训设计、运营信息系统设计、监督改进设计和融入企业文化设计等。

1.1.5 供应链风险管理体系与其他管理体系的关系

1. 内控体系

根据 2008 年 5 月财政部会同证监会、审计署、银监会和保监会印发的《企业内部控制基本规范》的规定，内部控制是由企业董事会、监事会、经理层和全体员工实施的旨在实现控制目标的过程，其目标是保证企业经营管理合法合规、资产安全、财务报告及相关信息真实完整，提高经营效率和效果，促进企业实现发展战略。

因此，可以说内控体系是企业为了保证自身经营管理的合法性、财务的可靠性和经营活动的效益性而建立的对业务活动进行设计、调整、检查和制约的自律性要素的集合。

企业通过建立科学合理、运转良好的内控体系，可以有效防范、化解经营管理过程中的决策风险、法律风险、市场风险、信用风险和操作风险等各种威胁企业持续运营的因素，提升经营效率，增加企业效益。

供应链风险管理体系的目标和内控体系的根本目标是一致的，都是为了创造和保护价值。供应链风险管理体系和内控体系都是管理的方法和手段。供应链风险管理体系的风险点和内控体系的控制点理念是一致的，只是面向的对象、角度和业务不同，两个体系既可以互相借鉴，也可以互相补充，在某些业务领域还可以相互融合。

2. 合规体系

根据《合规管理体系 指南》（GB/T 35770—2017）中的定义，合规管理体系是企业为了管控合规风险，避免出现遭受法律制裁、监管处罚、重大财产损失和声誉损失等危险而建立的对合规活动进行分类、评估和处理等的各种管理要素的集合。它包括建立合规方针，明确合规领导、管理机构，制定合规风险控制措施，完善合规管理制度，评估合规管理效果和建立资源保障机制等内容。

企业通过建立合规管理体系，实现对合规风险的有效、持续的管理。

合规管理体系建设的关键是管理层应用企业核心价值观及得到普遍认可的治企理念、道德和标准进行合规管理，通过策划、实施一系列的合规管理活动，逐渐形成一种企业的合规文化。

供应链风险管理体系首先是一个合规管理体系，供应链业务的开展首先必须符合法律法规的相关规定，同时也要符合相关策略、方案和制度、办法的规定。合规是供应链风险管理体系的首要原则。

3. 安风体系

安风体系是为了实现对安全生产风险的有效管控而建立的对安全生产风险进行分类、识别、评估和处理等的各种管理要素的集合，由子系统、要素、管理节点和管理子标准组成。

安风体系将安全生产管理从关注事后分析与控制转变为关注事前的风险分析与控制，充分体现了安全生产管理的特色，建立了安全生产管理的长效机制。

供应链风险管理体系中与安全有关的要素应该放入安风管理体系中进行管控，或者在供应链风险管理体系中从不同的角度进行风险评估和应对。在两个体系重合的部分，我们对风险的评估和应对应该从不同的角度进行，实现互为补充。

4. 全面风险管理体系

按照国有资产监督管理委员会于 2006 年 6 月发布的《中央企业全面风险管理指引》的相关规定，全面风险管理是指企业围绕总体经营目标，通过在企业管理的各个环节和经营过程中执行风险管理的基本流程，培育良好的风险管理文化，建立健全全面风险管理体系，包括风险管理策略、风险理财措施、风险管理的组织职能体系、风险管理信息系统和控制系统，从而为实现风险管理的总体目标提供合理保证的过程和方法。

全面风险管理是一种综合性的风险管理思路，它要求企业将风险管理的各种思想、要求和标准融入企业管理和业务流程，从而向风险要效益，有效提升经营效率和绩效。供应链风险管理体系是企业全面风险管理的一个有机组成部分。

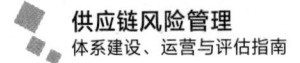

1.2 供应链风险管理体系建设

1.2.1 风险管理体系建设的概念

供应链风险管理体系建设是企业从上至下、逐步推进的一项系统性工作，它既是一个对供应链业务风险主动管控的过程，也是一个润物细无声的风险管理文化建设过程，需要企业根据自己的实际情况有计划、有步骤地推进供应链风险的识别、分析、评价和应对，建立供应链业务基准风险库，编写业务风险管控手册，进行供应链风险管理培训，推进各种供应链业务的标准化、规范化管理，让供应链业务管理中的各个环节和要素有章可循、有法可依、有据可查，从而有效地防控风险的发生和降低风险产生的负面影响或损失。

1.2.2 建设的组织规划

供应链风险管理体系建设通常以项目的形式推进。企业可设立领导小组、供应链风险管理体系建设办（以下简称"建设办"）、供应链风险管理体系项目组(以下简称"项目组"),开展供应链风险管理体系建设工作。企业可抽调内部精干人员和外部专家组成项目组,由项目组负责供应链风险管理体系建设的具体事宜,其他部门或人员协助项目组工作。

1. 项目组成立

企业根据供应链业务的发展情况和供应链风险管理的目标、要求,抽调内部相关人员与外部专家组成项目组。进入项目组的内部人员通常不少于3人,要求业务熟练、沟通能力强,最好有相关项目工作经验。外部专家的选择、确定要根据企业的相关规定执行,要求在供应链风险管理领域有较高的专业水准,有一定的知名度。某单位供应链风险管理体系建设组织结构设置如图1-1所示。

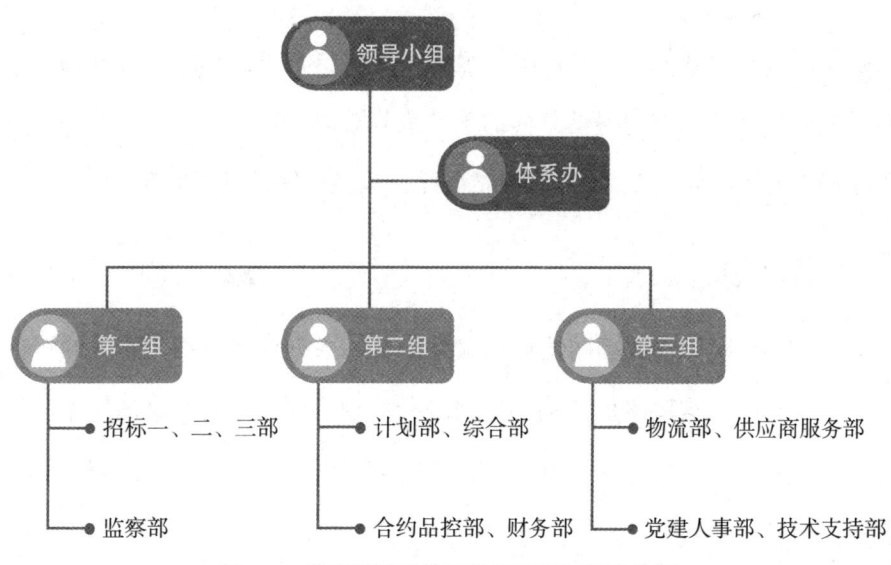

图1-1 供应链风险管理体系建设组织结构图

2. 项目组分工

项目组成立之后，要根据企业与外部专家签订的相关合同，及时明确项目组中的内部人员和外部专家的分工和职责，确保分工明确、职责清晰，为项目的后续开展打下良好的基础。

3. 时间规划

项目组成立之后，要对项目推进的时间进行详细规划，并将该规划通报企业相关责任人员。项目组的内部人员要根据时间规划管控供应链风险管理体系建设项目的具体进度，组织、协调内外部资源，保证项目的顺利推进。

4. 成果规划

在进行时间规划的同时，项目组还要对项目推进的成果进行规划，从而保证在规定的时间内得到具体的工作成果。对于这些项目成果，要明确哪些需要进行评审，需要什么级别的评审，以及评审的具体标准。

5. 培训规划

供应链风险管理体系的建设同时伴随着一系列对企业相关人员的培训活动，项目组对这些培训活动要提前进行规划。项目组要对培训对象、培训的具体目标、培训的专家选择和培训的课件等要素提前进行选择和规划，以保证项目的实施质量。

1.2.3　参与范围的确定

确定供应链风险管理体系建设的范围时,企业要考虑以下情况:是全员参与,还是业务部门参与,还是部门管理者参与?是否需要企业外部参与?企业外部参与到什么程度,以什么方式参与?对于供应链风险管理体系建设的参与范围,企业要根据自己的实际情况予以确定。

1.2.4　参照标准的确定

供应链风险管理体系建设应该在国际标准、国家标准、行业标准和团体标准的基础上进行。为了方便企业开展供应链风险管理体系建设,下面列出了一些标准,以供参考。

1. 国家标准

常见标准罗列如下。

- GB/T 23694—2013　风险管理　术语。
- GB/T 24353—2009　风险管理　原则与实施指南。
- GB/T 24420—2009　供应链风险管理指南。
- GB/T 26337.2—2011　供应链管理　第 2 部分:SCM 术语。
- GB/T 27921—2011　风险管理　风险评估技术。
- GB/T 38357—2019　招标代理服务规范。
- GB/T 20002.3—2014　标准中特定内容的起草　第 3 部分:产品标准中涉及环境的内容。

- GB/T 20002.4—2015　标准中特定内容的起草　第4部分：标准中涉及安全的内容。

- GB/T 38702—2020/ISO 28001:2007　供应链安全管理体系　实施供应链安全、评估和计划的最佳实践　要求和指南。

- GB/T 20032—2005/IEC 62198:2001　项目风险管理　应用指南。

- GB/T 33172—2016/ISO 55000:2014　资产管理　综述、原则和术语。

- GB/T 33173—2016/ISO 55001:2014　资产管理　管理体系　要求。

- GB/T 33174—2016/ISO 55002:2014　资产管理　管理体系 GB/T 33173 应用指南。

- GB/T 27914—2011　企业法律风险管理指南。

- GB/T 18354—2006　物流术语。

- GB/T 19012—2019　质量管理　顾客满意　组织投诉处理指南。

- GB/T 19014—2019　质量管理　顾客满意　监视和测量指南。

- GB/T 19038—2009　顾客满意测评模型和方法指南。

- GB/T 19039—2009　顾客满意测评通则。

- GB/T 19000—2016　质量管理体系　基础和术语。

- GB/T 19001—2016　质量管理体系　要求。

- GB/T 19002—2018　质量管理体系 GB/T 19001—2016 应用指南。

- GB/T 19028—2018　质量管理　人员参与和能力指南。

- GB/T 2828.1—2012　计数抽样检验程序　第1部分：按接收质量限（AQL）检索的逐批检验抽样计划。

- GB/T 2828.2—2008　计数抽样检验程序　第2部分：按极限质量限（LQ）检索的孤立批检验抽样方案。

- GB/T 2828.3—2008　计数抽样检验程序　第 3 部分：跳批抽样程序。
- GB/T 2828.4—2008　计数抽样检验程序　第 4 部分：声称质量水平的评定程序。
- GB/T 2828.5—2011　计数抽样检验程序　第 5 部分：按接收质量限（AQL）检索的逐批序贯抽样检验系统。
- GB/T 31540.1—2015　消防安全工程指南　第 1 部分：性能化在设计中的应用。
- GB/T 31540.2—2015　消防安全工程指南　第 2 部分：火灾发生、发展及烟气的生成。
- GB/T 31540.3—2015　消防安全工程指南　第 3 部分：结构响应和室内火灾的对外蔓延。
- GB/T 31540.4—2015　消防安全工程指南　第 4 部分：探测、启动和灭火。
- GB/T 22117—2018　信用　基本术语。
- GB/T 37914—2019　信用信息分类与编码规范。
- GB/T 37228—2018　公共安全应急管理突发事件响应要求。
- GB/T 23703.8—2014　知识管理　第 8 部分：知识管理系统功能构件。
- GB/T 10112—2019　术语工作　原则与方法。
- GB/T 35778—2017　企业标准化工作　指南。
- GB/T 19273—2017　企业标准化工作　评价与改进。
- GB/T 15496—2017　企业标准体系　要求。
- GB/T 15624—2011　服务标准化工作指南。
- GB/T 13016—2018　标准体系构建原则和要求。

- GB/T 20004.1—2016　团体标准化　第 1 部分：良好行为指南。
- GB/T 20004.2—2018　团体标准化　第 2 部分：良好行为评价指南。
- GB/T 20001.1—2001　标准编写规则　第 1 部分：术语。
- GB/T 20001.2—2015　标准编写规则　第 2 部分：符号标准。
- GB/T 20001.3—2015　标准编写规则　第 3 部分：分类标准。
- GB/T 20001.4—2015　标准编写规则　第 4 部分：试验方法标准。
- GB/T 20001.5—2017　标准编写规则　第 5 部分：规范标准。
- GB/T 20001.6—2017　标准编写规则　第 6 部分：规程标准。
- GB/T 20001.7—2017　标准编写规则　第 7 部分：指南标准。
- GB/T 20001.10—2014　标准编写规则　第 10 部分：产品标准。

2. 团体标准

常见标准罗列如下。

- T/CFLP 0027—2020　国有企业采购管理规范。
- T/CFLP 0016—2019　国有企业采购操作规范。

3. 行业标准

常见标准罗列如下。

- ZBTB/T 01—2018　非招标方式采购代理服务规范。
- ZBTB/T A01—2016　招标采购代理规范。

4. 国际标准

常见标准罗列如下。

- ISO 28000:2007　供应链安全管理体系规范。
- ISO 28004:2007　供应链安全管理体系——ISO 28000 实施指南。
- IEC 31010:2019　风险管理—风险评估技术。

1.2.5　常见术语的确定

1. 术语选择标准

为了便于读者学习，本书选择了以下风险管理相关的专业术语。这些专业术语与供应链风险管理体系建设密切相关，是供应链风险管理体系建设过程中经常使用的术语。

2. 常见术语

常见术语罗列如下。

- **风险管理框架**：为设计、执行、监督、评审和持续改进整个组织的风险管理提供基础和组织安排的要素集合。
- **风险管理计划**：风险管理框架中详细声明用以管理风险的方法、管理要素及资源方案。
- **风险管理过程**：将管理方针、程序和操作方法系统地应用于沟通、咨询、明确环境及识别、分析、评价、应对、监督与评审风险的活动中。

- **利益相关者**：可以影响、被影响或自认为会被某一决策或行动影响的个人或组织。
- **风险感知**：利益相关者的看法。
- **外部环境**：组织追求其目标实现时所处的外部状况。
- **内部环境**：组织追求其目标实现时所处的内部状况。
- **风险准则**：评价风险重要性的依据。
- **风险源**：可能单独或共同引发风险的内在要素。
- **事件**：某一类情形的发生或变化。
- **危险**：潜在伤害的来源。
- **风险责任人**：具有管理风险的责任和权利的个人或主体。
- **可能性**：某事件发生的机会。
- **暴露**：组织或利益相关者受某事件影响的程度。
- **后果**：某事件对目标影响的结果。
- **脆弱性**：易受风险源影响的内在特性。
- **风险态度**：组织评价风险，进而寻求保留、承担或规避风险的方法。
- **风险偏好**：组织寻求或保留风险的意愿。
- **风险容忍**：组织或利益相关者为实现目标，在风险应对之后，承担风险的意愿。
- **风险厌恶**：规避风险的态度。
- **控制**：处理风险的措施。

- **风险自留**：接受某一特定风险的潜在收益或损失。
- **剩余风险**：风险应对之后仍然存在的风险。
- **恢复力**：组织对复杂变化环境的适应能力。
- **评审**：为实现既定目标而进行的决定某一事项的适宜性、充分性和有效性的活动。
- **风险报告**：告知内部和外部利益相关者风险现状及风险管理方面的信息的沟通方式。

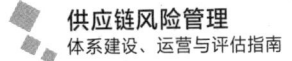

1.3 供应链风险管理体系运营

1.3.1 风险管理体系运营的概念

供应链风险管理体系运营是指运用组织、计划、实施和控制等职能，把企业供应链风险管理体系相关的各种管理要素有效地统筹起来，从而确保供应链风险管理体系的顺利运行和发挥作用的过程。

虽然供应链风险管理体系的建设与运营在理论上是两个概念，但在实践过程中是无法完全分开的，而是密切联系的有机整体。

项目组要注意"建设—运营一体化"的理念，在风险管理体系建设的时候就要考虑运营工作，从而保证风险管理的综合效果。

1.3.2 运营组织的建设

供应链风险管理体系在建设阶段主要由领导小组统筹策划，项目组推进各项工作。此时，项目组全部由内部人员组成，项目组中的外部人员和专家不参与具体运营。

项目组要指导各部门提升供应链的风险评估能力，引导业务部门建立自己的评估小组进行业务风险的评估和管控。

进入运营阶段之后，在领导小组的统一指挥下，企业要逐步建立供应链风险管理体系的运营组织。运营组织既包括公司层面的供应链风险管理委员会，也包括职能部门供应链风险管理部及应对特别风险的供应链风险管理项目部等主体。

在运营阶段，领导小组负责运营体系设计，体系办负责出台各种办法和规范，项目组负责落实和执行。领导小组、体系办和项目组在建设阶段和运营阶段的职能有所不同。

1.3.3 运营方案的起草

进入供应链风险管理体系的运营阶段之后，体系办要起草供应链风险管理体系运营方案，其内容包括工作目标、重点任务、工作要求、行动计划和保障措施等，从而引导供应链风险管理体系与企业管理的全面融合。

供应链风险管理体系运营方案的主要内容如下。

1. 工作目标

运营方案要明确说明供应链风险管理体系运营所要达成的工作目标。这些目标源于供应链风险管理体系本身，既要有定量的要求，也要有定性的要求，但核心目标是保持企业供应链业务的低风险运行。

2. 重点任务

运营方案要明确说明供应链风险管理体系运营阶段要完成的重点任务。项目组及各职能部门要围绕着这些任务设计相关活动。

3. 工作要求

运营方案要明确说明相关任务和活动的工作要求、工作标准，从而保证风险管理体系的运营质量，这是实现企业供应链风险管理目标的重要保障。

4. 行动计划

运营方案要明确制订供应链风险管理体系的运营行动计划。计划通常要具备足够的可操作性，要分步骤、有针对性地组织相关活动，设立相关机构、岗位，抽调相关人员，制定相关制度、流程、模板等，以保证供应链风险管理目标的实现，这也是运营方案的核心内容。

5. 保障措施

运营方案要明确说明在供应链风险管理体系运营阶段企业所需的资源和保障措施，并且保障措施要具体到部门，以保证供应链风险管理体系的正常运营。

1.3.4 运营过程的控制

供应链风险管理体系运营的过程控制又称供应链风险实时控制，是供应链风险管理部门及时采集供应链业务运行中的相关数据，形成阶段性风险、问题或运行报告等，再通过会议、阶段性培训、更新供应链业务基准风险库和应对年度重大风险等活动，对实时出现的供应链业务风险进行治理的过程。

供应链风险管理体系运营按照"集约、规范、廉洁、高效"的要求，采取"四个相结合"的方式统筹推进，即统筹推进与分步实施相结合、风险管控与问题整改相结合、体系运营与日常管理相结合、持续改进与管理创新相结合。

1.3.5 运营结果的评审

在每个经营年度结束后，企业通常都要对供应链风险管理体系的运营结果进行及时评审，从而总结经验，找出风险管理体系运营中的相关问题和疏漏，为后续供应链风险管理体系的持续良好运营打下基础。

1. 建立评审组织

如果是内部评审，企业可以抽调各相关业务部门人员成立评审组织。评审人员要具备一定的职级，熟悉供应链业务。如果是第三方评审，企业要根据其评审机构管理办法选择合适的第三方机构。

当然，在评审阶段，可以由企业内部人员和外部人员共同组成评审项目组，完成评审任务。

2. 确定评审标准

企业可以从风险评级的准确性、风险排查的全面性、风险管控措施的有效性、风险评估方法的合理性和风险管理体系运营的综合效益等多个维度设计评审标准。

3. 召开评审会

供应链风险管理部门要提前对评审会进行策划，确定评审会的召开时间，制订详细的评审会议计划。如有必要，其还可以对评审会议工作人员进行适当的培训，以便统一标准、达成共识等，尤其要注意评审会议记录、评审会议简报和评审会议纪要的规范化编写。

4. 应用和改进评审结果

供应链风险管理体系的运营结果经评审之后，如果确实达到了相关标准，企业要注意后续的应用和改进。

评审结果可以作为供应链风险管理部门绩效考核的依据和风险管控的改进依据，也可以作为后续各类评审活动的参考资料。

同时，供应链风险管理各职能部门针对评审中的反馈意见要积极学习、探讨并改进，制订相应的整改计划、措施并出台相应的改进、应对办法。

1.4 供应链风险管理体系评估

1.4.1 风险管理体系评估的概念

供应链风险管理体系评估是企业组织评估小组，对现有的供应链风险管理体系进行诊断，分析供应链风险管理体系是否健全、是否存在不完善之处及不完善之处在哪里、对供应链业务有哪些不良影响，从而有针对性地、有步骤地制定改进方案的过程。

1.4.2 评估方式的选择

评估供应链风险管理体系时，企业要根据风险管理体系建设、运营所处的阶段特征选择恰当的评估方式。

在供应链风险管理体系建设阶段及试运营阶段，企业可以采用自我评估的方式，在内部抽调业务人员、管理人员组成评估项目组，对供应链风险管理体系进行评估诊断，分析风险管理体系是否健全，查漏补缺，给出意见并逐步改进。

在供应链风险管理体系全面建成之后，为了进一步提升风险管理体系的质量，企业可以请第三方评估，由第三方机构出具专业的评估报告，从另一个层次和角度对供应链风险管理体系进行持续改进。

内部评估项目组也可以会同外部专家一起组成评估项目组，共同评估。内部人员和外部人员共同评估的方式比较符合企业的实际情况，是更好的评估方式。单纯的外部评估可能因为外部人员对实际情况了解不充分而造成评估片面；单纯的内部评估可能只从企业本身出发，具有局限性和惯性思维，可能造成评估不全面、不客观。所以，共同组成评估项目组的评估方式是较好的评估方式。

1.4.3 自我评估

进行自我评估时，通常由供应链风险管理部门辅助，供应链风险管理体系领导小组主导成立评估小组，共同负责供应链风险管理体系的内部评估工作。

评估小组的职责包括：

（1）选择评估方法，制定评估方案；

（2）组织开展评估工作，收集各种评估信息；

（3）编写内部评估工作报告；

（4）汇总内部评估结果，提出工作改进意见。

供应链风险管理部门要根据评估小组出具的工作改进意见对供应链风险管理体系进行调整、改进和提升，以保证供应链风险管理体系的高水平运营，降低供应链业务的整体风险水平。

1.4.4　第三方评估

第三方评估是供应链风险管理体系评估的重要形式,与企业自我评估相比,第三方评估具有明显的独立性、专业性和权威性。

作为一种必要且有效的外部制衡机制,它能够弥补传统的企业自我评估的缺陷,在促进供应链风险管理体系的规范化建设和运营方面发挥着不可替代的促进作用。

在第三方评估过程中,企业相关部门要积极与评估机构沟通、协调,积极听取第三方机构提出的评估意见,及时对供应链风险管理体系进行改进。

1.4.5　联合评估

联合评估就是由企业供应链风险管理项目组会同外部专家组成联合评估项目组,共同对供应链风险管理体系进行评估。

联合评估项目组首先要确定评估标准,对评估方法、评估方式及评估结果的出具要达成共识,在此共识的基础上开展评估工作,并共同出具评估结果。

联合评估的优点在于内外兼顾、公正客观且工作效率高;缺点在于有时达成共识会浪费一些时间,因为双方所站的角度、对实践的认识程度及对业务的熟悉程度不同,所以对一些问题的看法会存在分歧。

第 2 章

供应链风险管理体系建设方针、目标及原则

2.1 供应链风险管理体系建设方针

2.1.1 企业风险管理总方针

企业风险管理总方针是对企业在风险管理方面的总体意图和方向的表述，其内容通常包括企业风险管理的原则、原理、目标、承诺、方法、考核和动态管理等战略性要素。

1. 企业风险管理的基本原则、原理与目标

企业风险管理方针源于企业总体经营管理方针，企业要根据自身经营管理的原则、原理和目标制定风险管理领域的基本原则、基本原理和相应目标，同时适当说明两者之间的相互联系。

企业风险管理的基本原则、基本原理和相应目标要随着企业经营管理方针的改变而变化，要反映公司经营管理的现状及价值观，与公司的未来发展目标紧密相连。

2. 利益冲突的处理原则与方法

处理企业利益冲突是风险管理的重要组成部分，例如，工作人员的岗位私人利益与企业利益发生抵触或矛盾，在工作中就有可能出现以权谋私、权力寻租和权力滥用等行为，从而导致企业利益受损。企业风险管理方针对此类利益冲突风险要进行有效治理，明确制定相关管理制度，规范利益冲突的处理原则、方法和流程，从而最大限度地降低此类风险。

3. 管理风险的治理

管理风险普遍存在于企业经营管理实践中，包括管理人员的职业技能欠缺风险、企业管理过程失控风险、管理人员主动性缺失风险和管理人员应对外部变化迟缓风险等。对这类风险的治理是企业风险管理的重要组成部分，风险管理方针必须予以规范。

企业要及时对管理风险在企业内部的各种表现形式进行总结，有针对性地治理相关风险点，明确管理职责和追责流程，从风险管理的角度不断提升企业的管理水平、管理素质和管理效能。

4. 资源承诺

企业风险管理需要一定的资源支撑，因此企业风险管理方针中要提供有助于风险管理的必要资源的支持及相关承诺。

5. 风险管理绩效测量和报告的方法

风险管理是企业经营管理的一个重要组成部分，企业人力资源部要定期对其进行绩效测量，加强信息的通报沟通。风险管理方针要提供相关的风险管理绩效测量和报告的方法，规范风险管理绩效测量和报告的过程。

6. 对风险进行持续动态管理的方针和框架

对风险进行持续动态管理是风险管理体系高水平运营的保障。企业要制定风险持续动态管理的相关方针和基本框架，通过建立对事件和环境变化及时做出响应的承诺和风险预警体系，明确供应链基准风险库的更新办法，建立突发或重大风险及时应对机制，实现对企业风险的持续动态管理。

2.1.2 供应链风险管理方针

供应链风险管理方针是对企业在供应链风险管理方面的总体意图和方向的表述。它上承企业风险管理的总方针，下合企业供应链业务发展情况，其内容涵盖供应链风险管理的原则、原理、目标、承诺、方法、考核和动态管理等诸多要素。

供应链风险管理方针是供应链风险管理要素的顶层设计部分，它与企业管理者密切相关，企业管理者须确定和签署风险管理方针文件，并且确保风险控制过程和企业风险文化等内容和风险管理方针一致。

2.2 供应链风险管理体系建设目标

2.2.1 风险管理的总体目标

企业风险管理的总体目标是通过控制经营过程中的各类风险，增加企业的价值。具体来说，它包括以下三个方面的内容。

1. 确保企业持续生存

这是企业风险管理的基本目标，也是首要目标。它要求企业在面临日常风险、各种意外或突发事故时，依然能够维持生存，保障持续发展。要想实现这一目标，企业就要通过种种努力排除会对企业生存造成毁灭性打击的各种重大风险，尤其要在这种可能性变为现实之前对其进行集中治理，从而避免发生最坏情况。

2. 增强企业综合竞争能力

企业通过风险管理过程的各种活动，排除企业经营中的各种潜在隐患，消除业务发展中的各种不合规现象，从风险管理的角度来增强企业的综合竞争能力，从而保证企业的持续增长计划能够实现。

3. 减少业务运营中的忧虑和恐惧

企业业务运行中的各种潜在隐患或危险一旦发生或存在较大发生可能，不仅会给企业带来潜在或实际的物质损毁和人员伤亡，也会使企业相关工作人员产生严重的忧虑和恐惧。及时、有效的风险管理过程可以在很大程度上降低相关人员的心理压力，增强工作的安全感，创造宽松的生产、生活环境。

2.2.2 供应链风险管理目标

供应链风险管理的目标是企业从供应链的角度对企业的各种管理要素进行综合性重组，从而实现企业价值的增长。

具体来说，企业要在满足客户需求的前提下，对企业供应链的各个环节（包括从供货商、制造商、分销商到消费者等诸多环节）和各个要素（包括与供应链相关的各种货物流、信息流、资金流等）进行综合性的计划、协调、操作、控制和优化，将顾客所需的正确产品，在正确的时间，按正确的数量和质量，以正确的状态，送达正确的地点，同时将总成本控制在合理的范围内，减少各类潜在的危险，缩短现金周转时间，最终实现价值的增长。

2.2.3 各业务风险管理目标

供应链各业务风险管理的目标是保障各类业务能够持续地运转，降低业务运营过程中的各类危险与成本，提供可预测的收入，最终实现价值的增长。

在实践中，企业风险管理人员通过建设供应链业务基准风险库，梳理供应链各业务运营中的风险，并在后续的持续经营过程中不断更新，从而实现对业务风险的持续动态管理，具体情况请参考第3章、第6章和第7章的内容。

2.3 供应链风险管理体系建设原则

2.3.1 以需求单位为关注焦点，整合链，协调流，创造和保护价值

供应链风险管理体系建设、运营的首要关注点是满足需求单位的要求并且努力超越需求单位的期望，从而创造和保护价值。

供应链风险管理体系的建设、运营要在整合链、协调流中进行，管控住看得见的和看不见的风险。

企业只有赢得需求单位及供应商的信任才能获得持续的成功。在采购过程中，企业要与需求单位、供应商相互协调并确保每个过程合法、合规且都提供了为需求单位创造更多价值的机会。理解需求单位和其他相关方当前和未来的需求并控制链和流上的风险，从风险管理的角度创造和保护价值是风险管理体系建设、运营的关键目标。

企业可以开展的活动包括：理解需求单位现在和未来的需求和期望并进行风险评估；为满足需求单位的需求和期望，在整个服务过程中对风险进行识别、分析和评价，并采取应对措施。

2.3.2 链式思考，流式管理

供应链风险管理可以从链和流两个角度进行思考和设计。

企业让包括供应商在内的利益相关方参与供应链风险管理，既可以提高它们的风险意识，也可以融入它们的观点和看法，有利于后期进行供应链风险评估和从内外部环境的双重考量方面制定风险应对措施，形成供应链风险管理的链式思维。

供应链的活动包括物流、商流、信息流和资金流，这些流都是供应链风险管理体系建设、运营和评估要考虑的要素，因为风险就在这些流中，流式管理是供应链风险管理的重要管理手段和设计思路。

一家企业需要多种管理活动和手段，需要多个抓手。供应链风险管理是其抓手之一，是从风险管理的角度进行的专业风险管理。

供应链链式的特点决定了风险管理人员考虑风险的时候应该采用链式思维、流式把控、多重角度、内外结合，这样才能进行360度的风险管理。

企业可以开展的活动包括：对企业供应链的链和流进行深度梳理，按照链和流的特点开展供应链风险评估工作，召开让利益相关方对供应链风险管理提出意见和建议的头脑风暴会。

2.3.3 着眼未来，重在预防

供应链风险管理不仅要对过去业务、经验、案例和事件进行总结和应对，更重要的是着眼未来，避免潜在的危险源演变为重大的风险。

及时识别、有效预防和防患未然是供应链风险管理体系的重要运营理念,也是供应链风险管理体系建设、运营的理想境界。

企业可以开展的活动包括:通过集中培训树立预防意识,针对供应链业务运营的章程制度进行查漏补缺,在日常预防和控制上加强隐患预防。

2.3.4 注意量体裁衣,建设、运营一体化

为保证供应链风险管理体系建设的顺畅及运营的可操作性,风险管理体系的设计必须与供应链的内部环境、外部环境及风险状况相匹配,与组织职能、业务实际情况相匹配。

在组织设计、职能分工、跟踪监督和评审管理上,企业要根据实际情况进行设计,不能照搬照套。

同时,为保证供应链风险管理目标的实现,企业要注意供应链风险管理体系建设、运营的一体化设计。

企业在建设供应链风险管理体系的时候就要综合考虑后续运营中的系列问题,同时要考虑到评估,并提前做出相应的安排。

企业在运营的过程中要不断总结经验,线下主要是规范设计、经验分享及供应链业务基准风险库评估与更新,线上主要是数据获取、数据分析、自动预警和技术研判。

企业可以开展的活动包括:按照量体裁衣的原则进行供应链风险管理体系的设计,召开让各相关部门对供应链风险管理体系建设、运营提出意见和建议的头脑风暴会。

2.3.5 从组织治理出发,发挥领导层作用

供应链风险管理体系运营是组织治理的一部分,必须取得领导层的支持。各级领导应统一目标和方向,达成共识,并创造全员积极参与的、能实现供应链风险管控目标的条件。

企业可以开展的活动包括:就供应链风险管理体系的运营要素进行沟通;倡导并宣贯风险管理文化;激励和表扬积极进行供应链风险评估的部门和个人,发挥榜样和示范作用;鼓励整个组织履行对供应链风险的承诺;为全体员工提供供应链风险管理的相关培训。

2.3.6 全链,全流,全员积极参与

在整个企业内,除了供应链业务人员,企业内经授权为供应链提供支持的部门和人员,为供应链提供服务的财务、行政、监察和技术部门也要积极参与到供应链风险管理体系的建设、运营中来。

凡是接触供应链物流、商流、信息流和资金流的人员,都要参与供应链风险管理体系的建设、运营:自上而下进行建设,全员参与运营,共同降低供应链各个环节可能存在的风险。

企业可以开展的活动包括:开展讨论,召开会议,促进整个企业的内部协调和知识分享;与供应链主要业务人员沟通,增强他们个人对供应链风险管理体系建设、运营贡献度的认识。

2.3.7 要关注过程，更要重视方法

供应链风险管理体系是由一系列相互关联且功能连贯的活动组成的、周期性改进的、随着时间的推移而进化的动态过程系统。所以，供应链风险管理体系的运营是一个过程，而且是一个连续改进的过程。同时，在这个过程中，风险评估都需要技术工具支持，所以要讲究方法。

在供应链风险管理体系的建设、运营中，风险分类、风险识别、风险分析和风险评价，都需要一系列的方法作为开展工作的工具，从而实现分类、识别、分析、评价和应对的过程。在这个过程中，方法与过程始终相伴。

企业可以开展的活动包括：确定供应链风险管理体系建设、运营的目标和实现目标的过程，确定各个过程之间的关系；明确轻重缓急，明确体系建设、运营参加部门和人员的权责；通过各种方式获得信息，改进过程，确保体系运营的绩效。

2.3.8 充分利用信息，基于分析和评价制定应对措施

企业基于对供应链业务历史的和当前的数据、信息的分析，基于对风险的分析和评价，明确考虑与此类信息和预期相关的任何限制和不确定性，然后制定相应的应对措施，才有可能把供应链风险控制在合理的范围内。

风险应对必须依据对输入数据、信息的分析，以及对风险进行分析和评价后得出的结论来确定级别，制定应对措施，不能仅凭个人的经验和过往的做法。

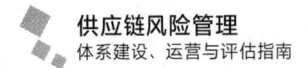

企业可以开展的活动包括：确保相关人员能够获得完整的数据；确保数据的准确性、正确性和有效性；数据的使用和分析也需要使用适当的方法，确保分析人员掌握了这些方法，且有能力分析和评价这些数据。

2.3.9 利益相关方关系管理

为持续控制风险，企业需要管理与供应链上各利益相关方的关系，包括供应商关系、第三方委托单位关系等。

各利益相关方都可能影响交付。当企业有效管理和协调供应链上利益相关方的关系、进度时，风险才会被有效控制，交付的目标才能高效实现。

企业可以开展的活动包括：对利益相关方进行关系分级梳理，风险分级梳理及确定管理顺序；收集利益相关方信息，为利益相关方风险评估提供依据；针对与利益相关方的关系，开展供应链风险评估活动。

2.3.10 嵌入管理过程，融入其他体系

供应链风险管理体系建设、运营的成功取决于供应链风险管理体系自身的完善性，更取决于企业在多大程度上将供应链风险管理"嵌入"企业管理。只有将供应链风险管理融入企业的组织、决策和文化之中，才能真正实现对供应链风险的有效治理。

供应链风险管理不是与其他管理体系和过程分开的孤立活动，而是一个有机的整体，是企业管理体系的一个组成部分。在运营过程中，企业要想有效发挥供应链风险管理体系的作用，就要把供应链风险管理体系与内

控体系、合规体系、安风体系及审计体系等其他管理体系和管理方式融合、整合，以便有效发挥管理的作用。

企业可以开展的活动包括：对供应链风险管理体系与其他管理体系的关系进行梳理，确定供应链风险管理的工作目标与计划，定期或不定期地对供应链风险管理部门的工作绩效进行考核。

2.3.11　线上线下相结合

线上运营管理是通过技术的手段解决流程化和效率化的风险问题，同时解决合规化、协同化和留痕化的问题；线下运营管理解决的是确认性、符合性、一致性和真实性的风险问题。供应链风险管理体系涉及"链"与"流"，不是仅有线上或线下运营，只有线上运营和线下运营相统一，才能实现良好的风险管控。

企业可以开展的活动包括：在供应链风险管理体系建设之初就与信息技术部门深度沟通，及时制定供应链风险管理体系的线上工作方案，加强供应链风险管理体系线上线下的一体化运营工作力度（争取将未来所有的工作都迁移到线上）。

2.3.12　动态变化与持续改进

随着供应链业务链条的变化、内外部环境的变化和法律法规的变化，风险可能出现、改变或消失。

供应链风险管理以供应链链条为中心，通过预测、监测、监控、识别、

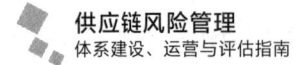

分析、评估和应对来响应这些变化和事件。

供应链风险管理体系应该持续改进，每年应该重新审视供应链业务基准风险库，加入新风险，去除一些变化或者消失的风险，以适应不断变化的环境。只有持续关注供应链风险管理体系建设，才能确保供应链风险管控目标的实现。

企业可以开展的活动包括：确定供应链风险管理体系的改善目标；以业务或者部门为基准，定期开展改善活动；对改善进行跟踪和评审。

供应链风险管理体系的建设一旦开始，就要不断进行动态更新，永远在路上！

项目组用一首小诗歌总结了供应链风险管理体系建设的历程。

风险处处在，管住则消灾；要想无伤害，努力去查排。
风险有大小，分析不可少；找出危险源，超前消除掉。
手册是个纲，纲举目则张；条块分清了，风险排查好。
风险和问题，容易搞混淆；对照定义看，方可准确找。
方法不在多，针对才有效；循序又渐进，方能领悟到。
风险重排查，过程很重要；人人都参与，个个是主角。
风险排出来，责任落实好；层层有举措，才能控制到。
体系在应用，日常做管控；一旦起了步，永远在路上。

2.4 供应链风险管理体系建设框架与流程

2.4.1 供应链风险管理体系建设框架

供应链风险管理体系建设框架是项目组根据体系建设原则，融合供应链风险管理各环节、各层次和各要素的具体事项，做好供应链风险管理体系从建设到运营的一体化设计，确保供应链风险管理体系有序建设、运营的参照和依据。表2-1是供应链风险管理体系建设框架包含的具体内容。

表 2-1 供应链风险管理体系建设框架

内容	说明
风险管理方针、目标与原则	提供供应链风险管理的总体方针、目标和建设原则，这是风险管理体系的上层设计
供应链业务基准风险库建设	收集供应链业务运营中的各种风险并进行综合处理，融合风险管理的具体过程
风险分类与描述	阐述供应链业务风险类型、类别和名称，为后续线上线下的风险管理打下基础
风险评估方法的选择与创新	提供风险识别、风险分析和风险评价的具体方法
风险应对措施与应对层级	解决如何制定风险应对措施和应对层级的问题
运营组织设计	解决供应链风险管理由谁来负责运营的问题
风险管控手册编制与使用	手册脱胎于供应链业务基准风险库，引导相关人员通过手册方便地管控供应链业务风险

（续表）

内容	说明
运营培训设计	构建培训体系以解决供应链风险管理体系建设、运营中的各种普遍性难题
运营信息系统管理	阐述运营信息系统在供应链风险管理体系运营中的角色和作用，为最终实现体系的线上运营打下基础
跟踪监督、评审改进与动态管理	阐述如何实现对供应链业务风险的持续、有效和动态化管理
融入企业文化	阐述如何将供应链风险意识融入员工的行动与思想之中，形成企业风险文化

2.4.2　供应链风险管理体系建设流程

根据贵州电网物资有限公司的实践经验，供应链风险管理体系建设流程通常包括以下十大步骤。

1. 立项并建立项目组

公司管理层下定决心要做供应链风险管理体系建设项目，同时抽调人员，与外部工作机构成立项目组。通常，企业要进行公开的招标，外部工作机构通过招标而来。

项目组成立后，企业按照项目目标与合同约定确定工作计划，召开项目启动会，明确项目组成员的职责。

2. 资料信息收集与培训

项目组首先对公司各部门及管理层进行访谈调研，然后根据调研的结果制作供应链风险管理知识培训课件。课件的内容包括风险识别、风险分析以及风险点定性与定量评价的方法和标准等。

培训包括公司全员现场培训和分部门培训辅导。全员培训主要是讲解风险管理基础知识；分部门培训辅导主要是进行风险评估实训，通过现场培训辅导排查各部门、各业务的风险点，初步形成供应链业务基准风险库。

3. 风险点评估

风险点评估分为识别、分析和评价三个阶段。

根据项目特点，项目组确定项目所需要的参照标准，主要包括国家标准文件、团体标准文件、行业标准文件、国际标准文件、法律文件、法规文件以及各种指导性文件和通知；再按照供应链业务的特点，总结出各种适用于公司供应链风险管理的方法，包括风险识别方法、风险定性分析方法、风险定量分析方法及风险评价方法等。

项目组确定参照标准和供应链风险管理方法后，利用这些标准和方法总结、描述风险点，不断优化风险类别和风险名称，同时识别风险，区分问题，分析风险，评价风险，优化供应链业务基准风险库，不断提升风险管理的质量。

4. 风险应对措施编写

项目组根据供应链业务的特点，在各业务部门的协助下，编写风险点具体应对措施。措施要简易、指导性强并且具有可操作性。

5. 供应链风险管控手册编写

项目组根据优化后的供应链业务基准风险库，编写供应链风险管控手册。手册定位要清晰，突出实用性，通常按业务部门排列以便后续使用。

6. 完善供应链业务基准风险库及风险管控手册

项目组对供应链风险管控手册以及供应链基准风险库进行阶段性评审，根据阶段评审意见对供应链风险管控手册和供应链基准风险库进行修改、完善。

项目组与各部门沟通，继续优化供应链业务基准风险库，删减不合适的风险点，尤其要注意对风险点措施的优化、提升。

7. 风险管理体系运营手册编写

项目组根据公司的战略发展规划和供应链风险评估的情况，编写供应链风险管理体系运营手册，手册要基本囊括供应链风险管理体系运营过程中的全部要素。

8. 风险管理体系运营方案编写及执行

项目组根据供应链风险管理体系运营手册的相关内容编写供应链风险管理体系运营方案，并协助执行方案，包括设立公司供应链风险管理部门，对供应链业务规章制度查漏补缺，进行供应链风险管理体系运营培训，建立供应链风险管理体系运营信息系统等。

9. 供应链风险管理体系评审

企业自己组织评估小组或请第三方专业机构，对供应链风险管理体系的建设成果进行评审。项目组根据评审意见，对供应链风险管理体系有针对性地、有步骤地加以改进。

10. 供应链风险管理体系试运营

在项目组的指导下，供应链风险管理体系中的各要素开始发挥作用，供应链风险管理部门开始履行职责。在这个过程中，项目组逐渐隐退并最终解散。

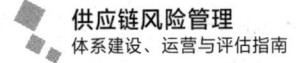

2.5 供应链风险管理体系的业务建设

供应链风险管理体系的业务建设是指从风险管理的角度对供应链中的各项业务进行深度综合梳理,包括总结风险类型、凝练风险点、评估风险并制定有针对性的应对措施等。它是一个开放的动态管理过程,供应链的链和流延伸到哪里,业务建设就自然而然地跟随到哪里。下面简单介绍一下贵州电网物资有限公司供应链风险管理体系的业务建设。

2.5.1 需求计划管理

需求计划管理主要包括目录及标准管理、需求计划管理等,是供应链业务中特别容易出现风险的领域之一。

需求计划管理风险点众多,常见的包括:需求预测不准确、需求预测单价错误、技术评分含有不公平条款、需求上报的型号不在物资目录中、需求申报不准确、需求已报但资金未落实、采购工作不按计划进行、需求计划整合不当、需求计划信息不完整、采购方式不合理、同一物资采用不同采购模式、技术规范书内容与需求不一致、技术规范书物资编码明细不一致及为特定他人定制技术条款等。

针对需求计划管理中的风险点，项目组要在需求计划管理部门的协助下，有针对性地制定应对措施，如开展需求预测和需求计划信息规范性申报培训活动，建立需求计划审校制度，尤其要重视技术规范书的规范化管理，可以制定《技术规范书审校和审查管理办法》来提升规范化管理的水平。

2.5.2 采购管理

采购管理业务范围广泛，包括招标（非招标）管理、评标专家和专家库管理、电子商城管理、后评价管理、采购质疑与投诉管理及评标基地管理等，是供应链业务中最容易出现风险的业务领域，基本囊括所有的风险类型，也是供应链风险管理的关键治理领域。

采购管理业务常见风险点包括：采购策略出错或不满足要求、承诺金额计算方式不合理、策略不全、打分标准不合理、最大中标金额比例无法完全符合、总承包项目中物资与施工费用比例无规定、未按策略进行中标限制、违规泄露专家信息、泄露专家专业类别或退库专家信息、确认参加评标的专家临时请假、专家抽取出现瑕疵、电子商城二级专区采购无准确预测、未及时处理投诉、评标基地日常管理不规范及携带违禁品进入基地或在基地进行各类违法违规活动等。

对于采购管理中的风险，项目组在采购管理部门的协助下要注意以下几个关键点：加强采购策略评审控制及合理性审查；进一步细化采购策略，加强采购策略执行过程控制，如有必要制定《采购策略执行实施细则》；加强采购策略执行培训；建立专家信息泄露追责制度；在规定的时间内响应投诉，根据公司实际情况制定《采购投诉举报处理实施细则》等。

2.5.3　供应商管理

供应商管理包括供应商登记、供应商资格预审管理、首次中标供应商产能核查、供应商绩效评价管理、供应商扣分管理、供应商廉情管理、供应商投诉管理及供应商服务热线运营及分析等，是供应链业务中容易出现风险的领域之一，值得特别关注。

供应商管理领域常见的风险点包括：串通实施违规行为、供应商登记时存在营私舞弊行为、供应商能力缺失、核实专家营私舞弊、供应商资格预审存在泄密可能、专家廉洁风险意识薄弱、当着供应商讨论其他供应商的情况、现场安全要求执行不力、未按时间要求提供记录表、履约扣分人员评分行为不当、对缺陷供应商处置不及时、扣分申诉管理不规范、舆情处理不及时、未能及时发现和处理供应商打分执行不合理的情况及未能及时发现和处理设置不合理或限制性的资格条件等。

对于供应商管理中的风险，项目组在供应商管理部门的协助下要注意以下几个关键控制措施：加强供应商登记过程控制；增强故意违规行为的惩罚力度；督促严格遵循现场安全管理规定；加强中标现场不当言论管理，提前进行提醒；规定履约人员定期汇报供应商履约评价情况；分管领导定期或不定期对供应商履约评价情况进行抽查等。

2.5.4 合约管理

合约管理包括合同签订与物资合同执行管理两类业务。业务虽然相对简单，但在实践中很容易出现各种风险，值得留意。

合约管理风险点通常包括：跨系统数据传输存在数据丢包的情况、需求变动导致分配结果撤回、系统功能不完善导致隐患、工作人员营私舞弊、前期未申请到对应的物资编码、现场核实行为不当、现场安全要求执行不力、合同纠纷处理不当、票据与保函保管不善、在不符合支付条件的情况下提前支付物资预付款、物资挂账与财务挂账不匹配、合同变更未在规定时间内完成、为收受好处故意将供应商交回的合同滞留大厅及订单合同资料保管不善等。

对合约管理中的风险，项目组在合约管理部门的协助下要注意以下几个关键点：完善优化系统功能；及时与合同签订方深度沟通；严格按照标准合同文本约定执行；针对可能出现的各类合同纠纷，应规定处理的时限，增加法务检查环节，及时听取法律专业人士意见；对票据和保函可以建立每日核对制度；针对大厅工作人员建立日清日结日对的管理制度，并及时开展廉洁教育等。

2.5.5 品控管理

品控管理包括监造管理、抽检管理和品控技术管理等，是一个风险高发领域，值得特别重视。

品控管理风险点通常包括：外出前往供应商处开展工作时营私舞弊、

监造实施未执行监造标准、检测依据由非需求部门提出或未审查、复检未针对初检样品或备品、抽样过程中存在信息泄露可能、一岗多职、取样后处理措施不当、品控人员擅自更改样品编码、抽样工作计划执行过程中存在营私舞弊可能及不按检测机构要求评分等。

针对品控管理中的风险，项目组在品控管理部门的协助下要注意以下几个关键点：外出前往供应商处开展工作时，要遵守纪律，统一行动；复检时与初检样品进行编号核对；设立不相容岗位，严格遵循"三分离"原则等。

2.5.6 仓储配送管理

仓储配送管理包括仓储运行管理和配送管理。

仓储配送管理风险点通常包括：未跟踪供应商发货进度、未及时反馈领用计划执行情况、年度交叉盘点走形式、未及时统计和分析库存、仓库管理存在营私舞弊行为及未跟踪物资配送进度等。

对于仓储配送管理中的风险，项目组在仓储配送管理部门的协助下要注意以下几个关键点：加强与上下级仓储部门的沟通力度；如有必要，可建立一个发货及配送跟踪平台或信息系统；针对物资领用出库的情况，加强领用计划执行沟通和数据反馈，并尽量使用线上作业；在仓库日常运行管理过程中，加强仓库运作检查，及时开展廉洁教育，明确禁止仓库现场检查时诸多谋取不当利益的行为。

2.5.7 逆向物流管理

逆向物流管理包括闲置物资管理、报废物资管理和危险废物管理三个二级业务。随着国家生态环境保护力度的逐步增强，其在供应链业务中的重要性也不断增加。

逆向物流管理的风险点通常包括：未开展平衡利库或平衡利库不到位、未定期统计分析闲置物资信息、接受拍卖与回收商宴请、报废物资低于评估价拍卖、为私利透露信息、报废物资拍卖标的分包不合理、报废物资处置不及时、私自处置报废物资、报废物资处理不当、未按成交清单出库、未督促出库的报废物资及时下账、未督促危害产生部门更新台账、危险废物造成环境污染及危险废物账务处理不及时等。

对逆向物流管理中的风险，项目组在逆向物流管理部门的协助下要注意以下几个关键点：定期检查平衡利库开展情况；定期盘库并加强与相关单位的沟通，尽快使用能使用的物资，备品备件分类，及时处理不能使用的物资；如有必要，制定《物资拍卖与回收管理办法》，增加拍卖价公正性评审流程；在报废物资处理过程中，限定报废物资处置时间，加强货款应收取过程控制，限定货款收取的时间。

2.5.8 应急管理

应急管理包括应急物资库存管理和应急值班两个二级业务。该类业务风险点虽然不多，但也要引起重视，因为一旦发生，往往就是重大事件。

应急管理的风险点通常包括应急物资库存不合理、消防和用电安全隐患等。

对应急管理中的风险，项目组在应急管理部门的协助下要注意以下几个关键点：加强应急物资库存合理性检查，及时调整库存；落实专人日常检查制度，做好相关记录；定期进行安全教育培训，提高安全意识；加强应急管理各项指标考核。

2.5.9 监督管理

监督管理包括常态监督、专项监督、监督结果运用和财务监督管理等多个二级业务。它是供应链业务正常运行的保障，也是风险高发领域，值得特别关注。

监督管理的风险点通常包括：日常监督信息泄密、监督过程中发现问题隐瞒不报、问题线索调查舞弊、未保护举报人信息、初步核实和立案审查未采取安全措施、未经批准接触涉案人员、用违法手段对待被审查人和收集证据、泄露立案审查工作机密、利用案件审理之便谋取私利、不及时上缴违纪款物或私自处理、监督检查制度缺失、倾向性选择被检查主体、对发现的问题隐瞒不报、对发现的问题处理不当、不配合巡查、保证金收据或银行保函丢失、随意调整公司或部门资金计划、预算外列支成本或费用、违规使用工会会费、私设小金库、违规使用印鉴章、出售空白支票、违法违规退还保证金、投标保证金退还不及时、随意确认投标保证金和招标代理服务费、备用金长期被占用、供应商汇票分配比例不公平、长期不清理往来账、未按照合同约定比例进行预付款支付、预付款付款不及时、履约保函丢失、不按合同约定比例支付到货款或质保金、到货款付款不及时、增值税进项税发票抵扣不及时、利用职务之便处理公司资产及固定资产账卡物不一致等。

对于监督管理中的风险，项目组在监督管理部门的协助下要注意以下若干关键控制措施：加强对部门的保密教育培训，提高保密意识，落实保密工作领导责任制，贯彻落实保密检查工作；如有必要，制定公司举报管理办法，进一步明确受理登记、受理范围、审批权限、运转管理、督促办理和考核管理等内容和事项，对举报管理制度执行不到位的，应予以批评教育并及时纠正，对造成严重后果的进行责任追究；加强纪律和警示教育，筑牢廉洁履职思想根基；对监督人员进行立案审查合规性教育活动，加强立案审查过程控制；制定执纪审查信息泄露细则等。

2.5.10 人力资源管理

人力资源管理是供应链业务正常运行的基础保障之一，在实践中容易出现各种风险，值得关注。

人力资源管理的风险点通常包括：收受培训咨询机构好处、课酬不实、违规使用教育培训费、培训班资料未归档、泄露评价试题和评价信息、专家推荐与任职违规、不按资格条件和任职条件推荐人员、违规确定推荐人的人选或人数、违规涂改推荐票和测评票、泄露推荐结果、泄露干部考察情况、不如实反映考察问题、违规修改干部信息、干部任职未回避、违规配置干部、随意或突击提拔调整干部、不按程序和要求选拔培养干部、不汇报和不回避、干预校园招聘和工作调动、违规批准假务、中层干部绩效考核结果统计徇私舞弊、违规发放工资等。

对人力资源管理中的风险，项目组在人力资源管理部门的协助下要注意以下这些关键措施：加强廉洁教育；对培训或咨询活动注意留痕留据，师资授课情况应及时登记，分管领导定期对其进行查验核对；对各类经费，严格按照要求使用，规范执行审批程序，建立健全有效的内部控制制度、内部审计制度，建立岗位责任制，明确相关人员职责权限，并使之相互分离、相互制约；对档案保管情况，要加强培训，提高员工对资料归档的重视程度，定期汇报资料归档情况，分管领导不定期对资料归档情况进行抽查，并限定接触档案人员和系统中查看档案的人员，加强员工人事档案使用过程控制；如有必要，制定《候选人推荐实施细则》，严格按照公司中层干部管理规定和使用条例执行，在干部任用上严格遵守《干部选拔任用工作条例》，及时开展提醒谈话和廉洁教育；干部任职前增加任职回避检查环节，增加任职回避报告制度等。

第3章

供应链业务基准风险库建设

3.1 风险库设计

3.1.1 风险库建设原则

供应链业务基准风险库建设不单单是"建库",而是一个系统的管理过程,融风险管理、内部控制、合规管理、规范化管理、业务督导与监察和业务问题整改于一体。建库,是一个系统工程,是对多种管理体系的梳理和整理,并不是一项单一的工作。在实践中,企业要注意以下五大原则。

1. 简单简易原则

供应链业务基准风险库建设要尽量简单、简易,尽量降低沟通、管理和更新的成本,只要按照相应的标准、流程进行供应链业务基准风险库建设,就能实现对供应链业务运行中的风险、问题的有效管控,这也是企业整体风险管控的一个重要原则。

2. 融风险管理过程于风险库建设中

供应链业务基准风险库的建设涵盖供应链各业务风险的收集、分类、描述、识别、分析、评价及应对,贯穿沟通与咨询的全过程。

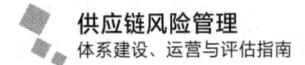

供应链业务的风险管理过程基本融于基准风险库的建设之中。项目组正是通过供应链业务基准风险库的建设，将供应链业务风险管理的各项要素统合在一起。

3. 以风险库建设带动企业规范化管理

供应链业务基准风险库中的风险可以作为业务合规化、规范化管理的一个抓手。企业可以结合其他管理体系中发现的风险或问题，通过对这些风险、问题的分析和解决，将业务标准化、方案化、制度化、流程化和模板化，从而实现企业规范化管理的目标。

4. 以风险库建设实现业务督导和业务检查

供应链业务基准风险库中的风险也可以作为业务督导和业务检查的一个业务清单和整改方向。风险应对要求中制定的各种制度、办法、方案和流程，都可以作为工作落实、检查和督导的有力保证，从而确保风险在规定的时间内得到管控。

5. 以风险库建设解决业务运行中的实际问题

供应链业务基准风险库也可以作为企业问题的参照和补充。供应链业务基准风险库中的一个个风险点实际上就是一个个待解决的问题，风险的级别可视为问题解决的迫切程度。

企业要从问题解决的角度出发，按照问题和问题的分类对供应链整个业务进行梳理和管理，并不断发现新问题，把供应链业务提升到一个新的水平，这是供应链业务基准风险库建设的一个重要原则。

3.1.2 设计风险库框架

供应链业务基准风险库的框架设计，既要融合供应链风险管理的过程，又要方便与公司相关部门、岗位对接。其要素通常包括业务类型、风险类别、风险名称、风险点、风险点描述、风险类型、风险识别、风险分析、风险评价、风险级别、风险应对措施、风险形式、涉及岗位与部门等。表3-1是常见的供应链业务基准风险库框架表。

表3-1 供应链业务基准风险库框架表

供应链风险管理体系风险排查明细表										风险评价		风险应对措施	风险形式	涉及岗位及部门		现有控制措施
序号	一级业务	二级业务	三级业务	风险类别	风险名称	风险点	风险点描述	风险类型	风险识别	风险分析	风险评价	风险级别			涉及岗位	涉及部门	

各要素简要介绍如下。

- 序号：用来统计风险点的个数。
- 一级业务：风险点所在企业的供应链业务类型，包括需求计划管理、采购管理、供应商管理、合约管理、仓储配送管理、逆向物流管理、品控管理、应急管理、基础管理和监督管理等。
- 二级业务：一级业务下进一步细分的业务类型，具体情况根据公司的实际情况而定。
- 三级业务：二级业务下进一步细分的业务类型，具体情况根据公司的实际情况而定。如有必要，还可以继续细分下去。

- 风险类别：根据风险产生的不同原因对风险进行的分类。根据本项目的实践，项目组最终将风险类别概括为 25 个。具体类别请参照第 4 章相关内容。
- 风险名称：风险类别下依据供应链业务的不同对风险类别进一步细分，又称风险名称。根据本项目的实践，项目组最终将风险名称概括为 170 个。具体名称请参照第 4 章相关内容。
- 风险点：通过各种渠道收集到的供应链业务风险的综合概括，通常用一句话的形式描述，如报表数据不实等。
- 风险点描述：按某种特定格式对风险点进行的规范化解释。
- 风险类型：对供应链业务风险所做的归类。
- 风险识别：识别供应链业务风险点所用的具体方法。
- 风险分析：分析供应链业务风险点所用的具体方法。
- 风险评价：评价供应链业务风险点所用的具体方法。
- 风险级别：风险识别、分析和评价后对风险所定的级别，分为极低、低、中、高和重大等级别。
- 风险应对措施：根据供应链业务风险的具体情况应该采取的具体应对措施。
- 风险形式：供应链业务风险点在公司内部的常见形式或称呼。
- 涉及岗位：供应链业务风险涉及的相关业务岗位。
- 涉及部门：供应链业务风险关联的相关业务部门。
- 现有控制措施：公司内部现阶段已有的针对供应链业务风险的控制措施。

3.2 风险点收集

3.2.1 观察调查

观察调查是指项目组进入各类供应链业务现场，借助自己的感官及其他辅助工具，观察和记录被调查对象，从而获得第一手业务风险资料的方法。

与其他调查方法相比，这种方法收集到的资料更直接、更真实且更生动具体，所以成为供应链风险点收集的一种常用方法。

这种方法的特点是：作为调查者有目的、有计划的认知活动，它与人们日常生活中无意的、无计划的观察活动不同。供应链业务风险的调查观察，是在企业具有明确的调查目的和假设的指导下进行的，需制订详细的观察计划，对观察的内容、方式、步骤和范围做出细致的规定，还要培训观察者，从而收集所需的调查资料。

按照观察人员是否参与被观察者的活动，这种调查方法可以分为参与观察和非参与观察两种。

参与观察是指观察者直接介入被观察者的供应链业务中，与被观察者发生联系,以内部成员的身份参加其活动,在共同活动中观察和收集相关资料。例如,观察人员在服务大厅直接参与供应商信息审核等活动,从而了解服务大厅中的相关隐患或危险。

非参与观察是指观察者不参与被观察者的供应链业务活动,而是以局外人的身份对业务进行观察,不干预供应链业务的运行过程,只是记录业务运行的自然状况。例如,观察人员在评标现场观察评标专家的评标活动。

一般来说,参与观察比较全面、深入,能获得较详细、具体且深入的感性材料,但观察结果易受观察者情绪影响,有一定的主观色彩;非参与观察比较客观、公正,但只能看到一些表面现象,难以深入。参与观察一般适用于无法从外部观察的场景,非参与观察一般适用于无法或无须介入被观察者的情况。

通过观察调查获得第一手的供应链业务风险资料后,项目组人员要根据供应链业务基准风险库的框架结构,填写初步资料,通常只需要填写序号、业务、风险点和风险点描述即可。

3.2.2 问卷调查

问卷调查法是运用统一设计的供应链业务风险调查问卷,利用书面回答的方式,向业务相关者调查并收集风险信息的方法。

问卷调查法是社会调查中最常用的资料收集方法,常用于较大规模的抽样调查。对于供应链业务风险信息,企业可运用这一方法,对业务相关者、利益相关者及业务隐患等进行准确、具体的测量、调查,并运用统计方法进行量化描述。

调查所用的问卷是用来收集资料的一种工具,其形式多是一份精心设计的问题表格,用来测量业务相关者、利益相关者的行为、态度和社会特征。

问卷通常分为自填问卷和访问问卷两种。自填问卷即由利益相关者自己填答的问卷,而访问问卷则是由项目组工作人员根据利益相关者的口头回答填写的问卷。

目前问卷的方式主要是网上问卷。通过问卷小程序、问卷软件等方式,用户在网上快速填写,使系统自动生成一些图表,让问卷结果时时可见。

通过问卷调查获得第一手风险资料后,项目组要对资料进行总结、提炼,然后根据供应链业务基准风险库的框架结构,进行资料填写,填写内容与观察调查类似,通常只需要填写序号、业务、风险点和风险点描述。

3.2.3 访谈调研

访谈调研是项目组依据调研提纲,通过与被访谈者直接交谈,收集供应链业务风险资料的方法,是一种口头交流式的调研方法。

访谈调研的主要特点是:调研者与被调研者采取对话、讨论等面对面的交流方式,这是双方相互作用、相互影响的过程。

在访谈调研的过程中,只有注意运用人际交往和谈话的技巧,才能有效地把控访谈过程,获取有价值的业务风险信息资料。

根据访谈对象的数量,访谈调研可以分为集体访谈和个别访谈两种。

集体访谈是调研者抽调供应链业务相关人员,通过头脑风暴法、结构化访谈法及调查会等方式收集业务风险资料的方法。它高效便捷,可以在短时间内收集到众多业务运行中的共性危险或常见性、易发性风险源，从而构建访谈主题的风险矩阵。

在集体访谈中，要尤其注意调查会这种方法，具体情况如表 3-2 所示。

表 3-2　调查会

要素	具体说明
名称	调查会
概述	又称集体讨论法（Group Interview，俗称调查会），是指项目组邀请若干供应链业务相关人员，通过集体座谈的方式了解供应链业务情况或研究相关供应链管理、业务风险的调查方法。这种讨论会一般由一名或几名项目组成员与业务相关人员进行座谈，以了解他们的意见、看法，从而集中收集相关信息
适用业务	集体讨论法简便易行，适用于供应链风险管理过程的任何阶段或者阶段中的特定业务，尤其是过程繁杂、需要多人合作及牵涉到众多利益相关者的供应链业务。通过集体讨论法，企业不但可以迅速、灵活且深入地把握供应链业务中的危险，还可以快速找到相应的解决措施
调查准备	• 讨论主题，事先要根据供应链业务的具体类型明确界定，便于讨论者把握讨论会的内容范围，不至于在讨论过程中离题； • 讨论者，从业务相关人员中抽取，抽取方法需事先明确； • 讨论纲要，纲要可以粗线条，但要与供应链相关业务强相关，要有一定的代表性，避免出现"诱导性"倾向； • 讨论环境，讨论会主持人员要事先确定讨论的场所和时间，并适当控制讨论会现场环境，避免各种因素的干扰； • 记录方式，讨论会的记录方式要事先确定； • 讨论的处理方法，处理方法要事先确定，要科学、合理且简单，考虑到讨论者的具体情况
得出结果	• 讨论者从自身角度出发对讨论主题的看法、意见； • 讨论者在风险感知中觉察出的共性危险； • 讨论过程中出现的常见性、易发性风险源； • 讨论主题的风险矩阵

（续表）

要素	具体说明
优点及局限	优点包括： • 简便易行，即便是受教育程度较低的员工也可以参与； • 在讨论过程中，讨论者可以互相交流思想、感情，主持人还会适当地引导、解说和追问，可以帮助讨论者对某类风险问题进行深度思考； • 集中收集供应链风险信息，工作效率高，了解情况快； • 集思广益，不但可以调查供应链风险基本信息，还可以在讨论中探索降低风险的具体措施。 局限包括： • 这种方式要求主持人具备较高的组织、引导能力； • 由于要在相对公开的场合讨论供应链业务中的问题，甚至是某些敏感问题，讨论者可能会因缺乏隐秘性而产生顾虑，不愿畅所欲言； • 由于讨论过程较为灵活、随意，所以对结果的处理较难，项目组风险点收集人员需要较高的概括、总结能力

个别访谈是调研者分别访问被调研者，采用个别谈话的方式收集供应链业务风险资料的一种访谈方法。其主要特点是：调研者和被调研者双方是个别接触，便于建立相互信任的关系，有利于排除干扰，减少从众心理的压力，使收集的风险资料比较生动具体和真实可靠。

3.2.4 现场培训

现场培训是一种高效集中排查供应链业务风险的方法，也是现实中较常见的一种风险综合管理活动。

现场培训的第一步是制作针对性的培训课程。项目组根据公司供应链业务的实际情况，制作供应链风险管理知识培训课件。课件的内容包括但不限于风险识别、风险分析及风险点定性与定量评价的方法和标准等。

在现场培训执行阶段，企业首先进行共识培训，使全体员工达成对供应链风险的共识，通过共识，大家能了解供应链业务风险的相关知识。之后，企业分部门进行现场培训辅导。等条件较为成熟后，各部门可以进行风险评估实训，现场排查各部门所在业务的风险点。

现场培训的主要特点是：融风险基础知识普及、风险文化培训与风险点收集于一体，集中、高效，能在短时间内排查出大量的业务风险点（后期往往需要进行深度处理），但需要项目组提前制订周密的培训计划，对培训的内容、方式和步骤做出具体规定，还要对培训现场进行有效的控制。

通常，在现场培训时，我们会按照业务类别分别进行培训（小班培训），并且在培训现场直接进行风险排查。我们会一边培训，一边排查风险，让学员把培训的内容直接转化为风险排查的结果。

3.3 风险库建设

3.3.1 初步成库

企业将通过各种方式收集到的业务风险资料，按照供应链业务基准风险库的框架进行适当处理，从而初步成库。处理内容包括风险点规范化描述、风险分类（包括风险类型、风险类别和风险名称的提炼）、风险识别、风险分析、风险评价、风险定级、风险应对及风险形式概括等，基本包含了供应链风险管理的全过程、全要素，具体如表3-3所示。

在这个过程中，企业需要注意以下几个关键点。

1. 注意辨别风险与问题

在供应链业务风险点收集阶段收集到的风险点往往存在规范性不够、描述不清等各种问题，但最突出的问题一般是风险点过多。这是由于在风险点收集时，一些人对风险的定义缺乏认知，将业务运行中的所有隐患和问题全当作风险点对待了。这就需要项目组仔细辨别风险与问题的定义，将一些不属于风险的问题剔除出去，单独成库（基准问题库）。关于风险与问题的定义、区别可参照第4章内容。

表 3-3 供应链业务基准风险库简单示意图

供应链风险管理体系风险排查明细表

序号	一级业务	二级业务	三级业务	风险类别	风险名称	风险点	风险点描述	风险类型	风险识别	风险分析	风险评价-评价方法	风险评价-风险级别	风险应对措施	风险形式	涉及岗位	涉及部门	现有控制措施
1	采购管理	招标（非招标）管理	采购计划管理	不当	采购计划申报不当	多次申报同一需求	同一需求单位、部门在不同采购工作计划时间上报同一类型采购需求	协同风险	检查表	故障树分析	情况发生法	中	采购需求上报归口管理；采购计划上报前进行核对	违反公司合规规定	招标采购	招标部	无
2	采购管理	招标（非招标）管理	采购分包审查	不合理	分包不合理	所报设备配件不在一个需求计划单号	所报设备与配件分别上报需求计划，导致中标供应商无法满足需求单位需要	协同风险	危险分析与关键控制点	业务影响分析	影响程度法	中	需求上报时增加说明环节；分包时加强检查	违反公司合规规定	招标采购	招标部	无
3	供应商管理	供应商资格预审管理	供应商资格预审管理	保密	信息泄露	当着供应商讨论、对比其他供应商的情况	当着供应商讨论、对比其他供应商的情况，影响现场核实的保密性	合规风险	危险与可操作性分析	情景分析	影响程度法	低	加强现场核实过程控制；提前进行宣贯教育；及时制止相关讨论事项	违反公司合规规定	供应商管理专责	供应商服务部	现场核实工作手册

2. 风险分类体系要兼顾系统

供应链风险管理要走线上与线下相结合的路，未来越来越多的供应链风险管理事务将在线上处理，所以在建设供应链业务基准风险库时，相关工作就要兼顾未来的线上运营。

线上运营需要一个科学的风险分类体系，它包括风险类型、风险类别和风险名称等内容，是一个开放的综合系统。项目组要根据业务和风险点的分布情况，提炼恰当的风险类别、风险名称，具体操作可参照本书第 4 章相关内容。

3. 风险评估方法要选择恰当

风险评估包括风险识别、风险分析和风险评价三个步骤，每一个步骤都对应着许多评估方法。在风险评估过程中，项目组要根据业务类型和风险点描述选择恰当的评估方法，具体操作可参照本书第 5 章相关内容。

4. 风险应对要注意可操作性与立体性

风险应对措施尤其要注意措施的可操作性，这就要求项目组与供应链业务相关人员联合作业。同时，为保障风险应对措施的顺利执行，企业还可以明确风险应对的层级，制订风险应对计划，提升风险应对的系统性，具体操作可参照本书第 6 章相关内容。

3.3.2 持续更新

供应链业务基准风险库的初步成库只是供应链风险管理体系建设的基

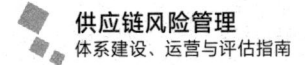

础，后续企业还要围绕供应链业务基准风险库编写风险管控手册，建立供应链风险管理体系运营信息系统，建立供应链风险管理体系的持续跟踪、监督与动态管理机制等，具体操作可参照本书第7章、第10章与第11章相关内容。

正因为供应链业务基准风险库在供应链风险管理体系中的特殊地位和重要性，所以在建立供应链业务基准风险库后，保持其持续更新就显得颇为重要。

项目组及供应链风险管理部门要定期或不定期对供应链业务基准风险库进行更新，尤其是面对一些突发性的重大事故或危险时，要及时进行识别、分析、评价并应对，并将更新结果体现在供应链业务基准风险库中。

第 4 章
供应链业务风险分类与描述

4.1 认识风险与问题

4.1.1 什么是风险

风险是不确定性对目标实现产生的影响。影响是现实与预期结果产生的偏差,可以是积极的、消极的或两者兼有,同时产生或伴随着机遇与威胁。风险通常被描述为风险资源、可能性事件、后续影响及可能性等。从某种意义上讲,风险＝可能性＋结果。

4.1.2 什么是问题

问题是现实(是什么)与理想(应该是什么)之间的差距,而且企业需要在现在或将来采取行动。

对于供应链业务,问题可以概括为下面几类。

1. 合法与合规问题

合法与合规问题主要包括:不按要求、不按规定、不按流程、不按规范、不按标准、不按制度、不按办法、不按约定、不按法律、不按合同、

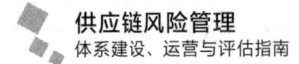

不按决议、不按时限、不按模板、不按计划、不按方案、不按工期、不按权限、不按纪律、不按原则和不按规程等。

2. 不作为与不统一问题

不作为与不统一问题主要包括：不沟通、不合作、不配合、不协商、不记录、不审核、不检查、不监督、不检验、不核对、不及时、不明确、不完整、不全面、不正确、不回避、不审查、不仔细、不一致、不匹配、不合格、不胜任、不符合、不满足、不公平、不安全、不受理、不核实、不审查、不清晰、不统一、不注意、不健全、不严格、不严谨、不真实、不尽职和不恰当等。

3. 滞后与忘记问题

滞后与忘记问题主要包括：未规定、未使用、未确认、未更新、未替换、未答复、未上传、未延期、未盖章、未告知、未控制、未跟踪、未督办、未收集、未报备、未遵照、未分析、未反馈、未设置、未共享、未要求、未新增、未收取、未引导、未答复、未开具、未开展、未执行、未安装、未保存、未下发、未跟进、未巡查、未比较、未提供、未支付、不齐全、未履行、未明确、未澄清、未批准、未限价、未关联、未开会、未同步、未盘点、未验收和未维护等。

4. 缺失问题

缺失问题主要包括：缺制度、缺流程、缺标准、缺模板、缺方案、缺细则、缺办法、缺规定、缺培训、缺信息、缺预算、缺职责、缺资料、缺协议、遗漏和项目取消等。

5. 应干未干问题

应干未干问题主要包括：应审未审、应报未报、应交未交、应给未给、应办未办、应签未签、应退未退、应否未否、应废未废、应检未检、应收未收、应付未付、应有未有和应招未招等。

6. 错误问题

错误问题主要包括：内容错误、费用错误、发放错误、分数错误、货单错误、价格错误、录入错误、支付错误、审核错误、回复错误、收据错误、发票错误、计算错误、填报错误、装订错误和时间错误等。

7. 其他问题

其他问题主要包括：断网断电、无针对性和投标人不足等。

以上不符合项造成的差距和结果，企业要立即纠正、改正和遵从，而后差距性的结果随之消失。从某种意义上讲，问题＝已经产生偏差＋立即纠正、改正和遵从。

4.1.3 两者的区别

在供应链风险管理过程中，判断风险和问题的主要标准是描述事项是否具有不确定性。风险具有不确定性，企业不知道什么时候发生，发生后会有什么影响。问题是某事项已经发生了结果，企业只要按要求、按规定、按流程、按规范、按标准、按制度、按办法、按约定、按法规、按合同、按决议、按时限纠正和改正就解决了，不会再次发生，也不存在再次发生的可能性。

风险与问题在以下六个维度存在区别。

1. 定义上的区别

风险是指可能发生的事情（问题），而问题是已经存在的不符合项。

2. 范围上的区别

（1）风险一定是问题，问题不一定是风险。

（2）风险永远存在，就是不知道什么时候会发生，影响多大；而问题则是可能会消失的。

3. 应对上的区别

（1）风险应对比较复杂，需要分级，分别采取措施。风险永远存在，只能采用预防、规避、分担、承受、降低和转移的方式解决。

（2）问题应对比较简单，只要不那样做，问题就消失了。采取的应对策略是从"不"到"按照、依照和遵从"，企业通过权责设计、流程梳理、制度补充、细则明确、方案明确以及遵从标准等规范化管理来解决。

（3）风险管理是一项预防性、前瞻性的活动，问题管理则是解决问题的过程。

4. 识别技术上的区别

（1）对于风险，要考虑可能性和影响结果。

（2）问题本身已经产生了差距和结果，需要被立即纠正，纠正后问题就消失了，或者相关工作就合规了、符合流程了及满足需求了。问题本身就包含已经发生的事项，不需要考虑可能或不可能的情况。

5. 解决思路上的区别

（1）风险解决的思维是如何预防及发生后的应对。

（2）问题解决的思维是立即纠正，不要这样做，按照规范和合规的要求去做。

6. 解决层次上的区别

（1）风险解决的是潜在的问题。

（2）问题解决的是对已经发生的结果立即进行改正的问题。

> 案例1：未及时提供监造工作台账。这个台账不管是周、月和年哪一期的台账，只要有个约定，企业按时提供就是了。但是有了约定，企业却不这样去做，然后说这是风险，这就是不对的。这首先是业务合规问题，属于不合规操作业务，属于合规管理范畴，不是合规风险范畴。因为该事项不存在不确定性，是非常确定的，只是操作人非得不这样做，故意拖延或者遗忘。
>
> 案例2：未组织召开启动会。这属于严重违规行为，应召开未召开。开会是确定的，不开会首先是不合规行为，企业要立即纠正该行为，使其合规。

案例3：款项支付错误。款项支付涉及几个环节，若出现错误，这属于流程上缺少审核和核对环节的问题，只要具备相应的流程就可以解决，所以它也不是风险。

4.2 风险类型

4.2.1 风险类型的分类标准

风险类型是指企业从要求的角度，业务、结果和管理的角度等对风险所做的综合归类。

分类的依据和标准不同，供应链业务的风险类型也不同。常见的分类角度和风险类型如下。

（1）从要求的角度，供应链业务风险可以分为廉洁风险、合规风险、交付风险、财产风险和保障风险。廉洁风险是基于政治要求的角度，合规风险是基于执行要求的角度，交付风险是基于结果要求的角度，财产风险是基于资产要求的角度，保障风险是基于运营要求的角度。

（2）从要求的角度，供应链业务风险也可以分为廉洁风险、过程风险、结果风险、财产风险和保障风险。

（3）从业务、结果和管理的角度，供应链业务风险可以分为廉洁风险、信息风险、合规风险、交付风险和财产风险。

（4）从供应链业务链的角度，供应链业务风险可以分为内部风险和外部风险。内部风险包括：道德风险、信息风险、采买风险和物流风险；外部风险包括：政策风险、市场风险、法律风险和意外风险。

（5）从供应链业务层面的角度，供应链业务风险可以分为战略层面风险、战术层面风险和操作层面风险。

（6）从供应链业务本身来分，供应链业务风险可以分为需求风险、供应风险、物流风险和财务风险。

（7）从供应链业务的特点来分，供应链业务风险可以分为廉洁风险、合规风险、协同风险、资产风险和交付风险。

关于供应链业务风险的分类，不同的行业有其自己的特点，因此供应链业务风险的分类也应该不同，企业应该根据自己供应链的业务特点和行业特点，来对供应链业务风险进行分类。

本书的项目组结合电网企业的特点，针对危害可能导致的供应链风险后果，把风险分为廉洁风险、合规风险、财产风险、交付风险和作业风险。

4.2.2 廉洁风险

廉洁风险分两类。

1. 干部廉洁风险

干部廉洁风险主要包括：利用手中的权力和权限，在业务开展中，谋取不正当利益；私自从事营利性活动；违反公共财物管理和使用的规定，假公济私、化公为私；违反规定选拔干部；利用职权和职务上的影响为亲属及身边工作人员谋取利益；讲排场、比阔气、挥霍公款、铺张浪费；违反规定干预和插手市场经济活动，谋取私利；脱离实际，弄虚作假，损害群众利益和干群关系。

2. 工作人员业务廉洁风险

工作人员业务廉洁风险主要包括：利用岗位上的权限，在业务开展中，凭借对业务某个环节或者整个环节的知情权、决策权、审批权和话语权，通过吃、拿、卡、要、授等方式，突破个人道德、品德底线，违反公司业务规定，谋取个人私利。

4.2.3 合规风险

合规风险主要是在业务开展中，不遵从国家、政府和行业的法律法规要求，不按照公司的制度、流程、标准、模板、方案、办法和会议决议的要求开展业务的所有决策行为、管理行为、操作行为、监督整改行为及协同行为引发的风险。

4.2.4 财产风险

在业务开展中，凡是关系到国有资产保值增值，关系到物资的使用、调用、处理和报废，关系到物资与财务、资产与财务及财务会计本身业务的风险，统称为财产风险。财产风险是物资、资产和财务会计风险的总称。

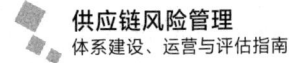

4.2.5 交付风险

交付风险是指在业务开展中,从需求计划开始到最终交付,从交付后到交付使用后,凡是有可能影响或者导致交付最终达成和交付达成后因物资、工程和服务出现供货、履约和质量问题的所有行为引发的风险。

4.2.6 作业风险

作业风险是指在作业活动、作业环境中存在的人员职业健康环境、仓储环境的风险,具体表现为作业风险、职业健康风险和仓储安全等。

4.2.7 风险类型的变更和演进

项目组把供应链业务风险类型分为五种的主要依据和思路如下。

(1)廉洁风险属于政治风险和素养风险,既基于组织的角度也基于个人的角度,廉洁风险在供应链风险中表现为看不见、摸不着,时刻都有可能发生,却不知道在哪里发生。

(2)合规风险属于业务风险,属于遵从类风险,主要受到法律法规和相关制度规定的约束,主要解决业务中和"不"有关的风险及"故意"而为的风险。

(3)财产风险是从国有资产保值增值的角度,从未来供应链金融的角度,从资产和财产、财务的角度,从资产库和财务库的角度,从供应链购买和财产的角度出发定义的风险,而不仅仅是财产损失。财产风险未来最大的风险就是供应链金融风险。

（4）交付风险是从供应链结果实现的角度出发，既包括交付，也包括交付后使用效果的风险。

（5）作业风险包括物流仓储、作业活动、作业环境中的人员职业健康环境及仓储环境的风险，具体表现为作业风险、职业健康风险和仓储安全等。

这样的分法是从宏观角度出发对供应链的风险进行的分类，但是这种分类并不是不可改变的。

在过去的十几年中，国际供应链风险类型也在不断演进，从最初的战略风险、作业风险、客户风险、财产损伤风险、竞争风险、信誉风险、税收风险、制度风险和法律风险演变为运营风险、突发风险、需求风险、环境风险、技术风险和自然风险等。

所以，风险的分类方法不是固定的，而是随着供应链业务的发展和相关要素的革新（如技术革新）不断演进的。

但是，无论怎么演进，都有一条基本的准则，那就是：相关业务的风险应该归入相关风险管理体系中，不应该在供应链风险体系中重复出现，以免造成双重管控，主体不一，效率降低。

4.3 风险类别

4.3.1 风险类别的分类标准

顾名思义,风险类别是指对风险进行的分类,其分类标准依据风险产生的不同原因。要想得到科学、精准的供应链风险类别,项目组必须围绕风险点深入分析,总结供应链业务风险产生的各种原因,最终得到风险的具体类别。

4.3.2 风险类别命名与供应链业务关系

风险类别命名一定要严格按照供应链风险业务的特点,就是"链"与"流"的特点进行分类、命名。

用词上一定要选择带有某种风险要素的词汇,如缺陷、偏差、错误、故障等,这些词汇合并到一起,正好构成了供应链风险的源头。

4.3.3 供应链主要类别名称

按照风险产生的不同原因进行分类，公司供应链风险共分为25大类别，如表4-1所示。

表4-1 供应链风险类别

序号	风险类别
1	变动
2	排斥和限制他人
3	倾向性
4	缺失
5	偏差
6	错误
7	瑕疵
8	失控
9	不一致
10	不当
11	不符合
12	不合理
13	不按要求
14	不足
15	不实
16	不及时
17	保管不善
18	保密
19	故意
20	违规
21	违法
22	故障

（续表）

序号	风险类别
23	安全
24	营私舞弊
25	系统功能不全

4.4 风险名称

4.4.1 风险名称的命名方法

风险名称是指风险类别在各类工作场景中的具体表现形式。其命名方法是对各种工作场景进行归纳总结，并在此基础上，结合风险类别进行综合命名。例如，结合供应链业务的具体工作场景，不当类风险具体可以分为需求计划申报及整合不当、安排不当、采购计划申报不当和岗位设置不当等。

在供应链风险管理实践中，管理人员可以根据实际情况定期对风险名称进行更新。

4.4.2 供应链主要风险名称

根据本项目的实践，供应链业务主要风险名称共有170个，如表4-2所示。

表 4-2 公司供应链风险名称表

序号	风险类别	风险名称
1	1. 变动	年度计划变动
2		需求变动
3		预审变动
4		方案变动
5		合同变动
6		专家临时变动
7	2. 限制他人	排斥和限制他人
8		为特定他人定制
9	3. 倾向性	倾向性分配
10		倾向性言论
11		倾向性选择
12	4. 缺失	依据缺失
13		缺少模板
14		信息缺失
15		审核缺失
16		缺少流程
17		供应能力缺失
18		监管缺失
19		缺少标准
20		编码缺失
21		预测量缺失
22		缺少资料
23		专业性缺失
24		缺少协议
25		缺少细则
26		缺少制度
27		备案缺失
28		跟踪缺失

（续表）

序号	风险类别	风险名称
29	5. 偏差	价格预测偏差
30		策略执行偏差
31	6. 错误	解答错误
32		宣传资料错误
33		未能正确清晰答疑
34		报表数据填列错误
35	7. 瑕疵	技术规范书瑕疵
36		报价表瑕疵
37		策略内容瑕疵
38		资格条件瑕疵
39		专家抽取瑕疵
40	8. 失控	框架分配失控
41		时间失控
42		补仓数量失控
43		计划失控
44		库存失控
45		预算失控
46	9. 不一致	账卡不一致
47		编码明细不一致
48		内容与需求不一致
49		技术参数与行业要求不一致
50		内容与设备清册不一致
51		实际需求与系统不一致
52		修改意见与实际不一致
53		采购文件与方案不一致
54		投标须知与公告不一致
55		物资款挂账金额与财务不一致
56		采购结果与需求要求不一致

（续表）

序号	风险类别	风险名称
57	10. 不当	需求计划申报及整合不当
58		安排不当
59		采购计划申报不当
60		专家评分行为不当
61		专家个人行为不当
62		岗位设置不当
63		专家报到行为不当
64		履约人员评分行为不当
65		现场核实行为不当
66		合同纠纷处理不当
67		取样后处理措施不当
68		平衡利库不当
69		拍卖行为不当
70		报废物资处理不当
71		危险废物处理不当
72		处理意见不当
73		存储不当
74	11. 不符合	不符合招标条件
75		不符合采购条件
76		未完全符合要求
77		不符合保管要求
78	12. 不合理	采购方式不合理
79		特殊需求计划不合理
80		要求不合理
81		工期不合理
82		权重设置不合理
83		分包不合理
84		分配不合理

（续表）

序号	风险类别	风险名称
85	12. 不合理	申诉回复不合理
86		应急物资库存不合理
87	13. 不按要求	不按要求执行标准
88		不按要求归档
89		不按岗位分离要求操作
90		不按要求整改验收
91		不按要求选拔培养
92		不按要求清账
93	14. 不足	不足以囊括所有专业的专家
94		专家资源不足
95		投标人不足
96	15. 不实	盘点不实
97		收费不实
98		谋酬不实
99		反映不实
100		核实不实
101	16. 不及时	投诉处理不及时
102		供应商处置不及时
103		履约处理不及时
104		报废物资拍卖不及时
105		通知不及时
106		预付款付款不及时
107		闲置物资处理不及时
108		了解新规不及时
109		系统退出不及时
110		盘点现金不及时
111		到货款付款不及时
112		抵扣处理不及时

（续表）

序号	风险类别	风险名称
113	17. 保管不善	票据与保函保管不善
114		档案保管不善
115		印鉴章保管不善
116		UKEY[①] 保管不善
117	18. 保密	泄露专家信息
118		日常监督信息泄密
119		泄露评价试题和评价信息
120		联系人泄密
121		后评价专家名单泄露
122		泄露笔试结果和面试题目
123		信息泄露
124		未保护举报人信息
125		未经批准直接借阅
126		未经批准私自调阅
127	19. 故意	故意改变标包
128		故意隐瞒
129		故意不受理
130	20. 违规	串通违规
131		违规接触
132		违规用费
133		违规推荐
134		违规配置干部
135		违规调整
136		违规修改
137		违规查阅

---

① UKEY 是一种通过 USB（通用串行总线接口）直接与计算机相连，具有密码验证功能、可靠高速的小型存储设备。

（续表）

序号	风险类别	风险名称
138	20.违规	违规批假
139		违反监督执纪规定
140		违反《巡视办法》和《巡查规定》
141		违规取样
142		违规使用检测依据
143		违反专家管理细则
144		违规发放工资
145		违规用印
146		违规占用备用金
147		违规用餐
148		违规上岗
149	21.违法	违反《招投标法》
150		违反《知识产权法》
151		违反《监察法》
152		违反《会计法》
153		违反《票据法》和《发票管理办法》
154		违反《中华人民共和国发票管理办法》
155	22.故障	系统与网络故障
156		电脑故障
157		电梯故障
158		U盘损坏
159	23.安全	现场安全
160		库房安全
161		基地安全
162		个人安全
163		未能发现安全隐患
164		网络信息安全
165		通信安全

（续表）

序号	风险类别	风险名称
166	23.安全	活动安全
167		办公环境安全
168		设备安全
169	24.营私舞弊	营私舞弊
170	25.系统功能不全	系统功能不全

4.5 风险点及描述

4.5.1 风险点

风险点是各部门在业务实践中出现的带有不确定性的事项。企业要通过专门的风险识别方法将其识别出来，再归纳、总结后形成的对风险的综合概括，通常用一句话的形式展现，如设备材料损坏、报表数据不实等。在概括风险点之后，各部门还要对风险点进行格式化的描述，这就是风险点描述。

4.5.2 风险点描述句式

本项目总结的描述供应链风险点的句式有以下几种。

- ……不当（不实，不合理，不准确，不全，不一致，不配合，不符，不足，不健全，不严，不善，不到位，不专业，不规范，不完整，不及时），影响（引起，引发，造成，导致，损害，阻碍，未明确，未实现）……

- 未按（要求，规定，流程，规范，标准，办法，制度，约定，法律，合同，决议，时限，模板，方案，计划，工期，权限，纪律，规程），影响（引起，引发，造成，导致，损害，阻碍）……

企业之所以要采用这种固定的句式描述风险点，一是为了避免不同的人进行总结描述，风险的侧重点不同，从而造成对风险的认识和应对不同；二是为了统一不同部门的人描述风险点，大家应该有个统一的遵循；三是有利于后面进行风险分析、评价及应对措施的制定；四是为了保持一贯性，因为从风险类别到风险名称再到风险点及描述都是采用统一的标准句式和语言，这些句式和语言体现了供应链业务的风险特点。

在整个供应链业务基准风险库的建设过程中，项目组非常注重语言句式的使用，尽量统一使用一种句式或一个标准，这样更容易让风险体现出供应链业务的特点，同时便于制定应对措施，便于风格一体化并最终形成统一的标准。

第 5 章

供应链风险评估方法的选择与创新

5.1　风险评估

5.1.1　风险评估的定义

供应链风险评估包括风险识别、风险分析和风险评价。供应链风险识别的目的是发现、识别和描述供应链业务上可能有助于或妨碍供应链目标实现的风险，供应链风险分析的目的是理解包括适当风险水平在内的风险性质及其特征，供应链风险评价的目的是做出有关风险需要处理和处理实施优先的决策。

通过对供应链风险进行评估，企业决策者及有关各方可以更深刻地认识到可能影响项目或企业目标实现的风险及现有风险控制措施的充分性和有效性，为选择合适的风险应对措施奠定基础。

在供应链业务中，任何阶段、任何时间和任何情况都有发生风险的可能性。

企业应按照供应链风险的评估方法组织开展基准风险评估，并建设成供应链业务基准风险库。在这个过程中，企业应区别问题与风险，也可以实施基于问题的风险评估，形成问题库，把问题与风险分开评估，并定期进行供应链风险再评估，确保风险得到全面、动态且持续的识别、分析和评价。

供应链风险评估应考虑"链"与"流"，并借鉴利益相关方的知识和观点，以系统的、迭代的及协作的方式推进和改进。

为确保基准风险评估的全面性、充分性和准确性，企业需考虑以下因素：评估的方法、法律法规和标准要求、社会责任、利益相关方的要求、外部环境、现有的管理方法和措施的有效性、常规和非常规情况、历史事故或事件等。

5.1.2 风险评估的流程

供应链风险评估的基本流程如下。

（1）企业联合外部专家成立项目组，梳理公司的各项具体业务。在梳理业务时，企业要将业务分类，明确一级业务与二级业务，具体到每个部门和相关工作岗位。总的来说，就是三个具体：具体到业务，具体到部门，具体到岗位。

（2）项目组组织业务人员根据每项业务所处的工作环境、流程节点进行风险识别与评价，找出可能影响供应链管理的风险因素，确认风险源，掌握每个风险事件的特征、原因、相互关系及潜在的后果，最终建立供应链业务基准风险库。

（3）针对每一个风险点，企业要对供应链管理中存在的薄弱点进行识别、分析与评价。识别采用九种对应的识别方法，分析采用定性分析的九种方法和定量分析的六种方法，评价采用定性评价的五种方法和定量评价的三种方法，以此确定风险的大小与等级。

风险识别的九种方法如下：

① 头脑风暴法；

② 结构化/半结构化访谈；

③ 德尔菲法；

④ 检查表；

⑤ 鱼骨图；

⑥ 历史数据法；

⑦ 危险分析与关键控制点；

⑧ 失效模式和效应分析；

⑨ 危险与可操作性分析。

定性分析的九种方法如下：

① 访谈法；

② 问卷调查法；

③ 集体讨论法；

④ 专家咨询法；

⑤ 故障树分析；

⑥ 情景分析法；

⑦ 业务影响分析；

⑧ 人因可靠性分析；

⑨ 数据保护影响评估。

定量分析的六种方法如下：

① 事件树分析；

② 决策树分析；

③ 风险矩阵；

④ 风险指数；

⑤ 交叉影响分析；

⑥ 成本/收益分析。

定性评价的五种方法如下：

① 情况发生法；

② 时间频次法；

③ 频率程度法；

④ 财产损失法；

⑤ 影响程度法。

定量评价的三种方法如下：

① 风险矩阵法；

② 风险指数法；

③ 修正（Severity、Exposure、Probability，SEP）法。

（4）针对存在的风险，企业要梳理现有的制度、流程、办法和方案，对照相应的法律法规并注意相关法规的变化，整合、修订相关制度规定，制定相应的控制措施并评估措施的有效性，同时制定措施具体实施计划。

（5）企业要定期对供应链业务基准风险库和风险评估的方法进行更新，同时评估应对措施的有效性并改进，每年对风险管理体系进行评审并出具报告，及时修正和改进，确保各项风险都控制在可接受的范围内。

5.1.3 风险评估的对象

供应链风险评估的对象分为内部对象和外部对象。

内部对象包括：

（1）供应链战略规划；

（2）供应链策划；

（3）供应链标准化管理；

（4）需求管理；

（5）采购管理；

（6）合约管理；

（7）品控管理；

（8）仓储配送管理；

（9）逆向物流；

（10）供应链监督管理；

（11）网络与信息管理；

（12）财务管理；

（13）人力资源管理。

外部对象包括：

（1）需求方的管理；

（2）供应商管理；

（3）专家管理；

（4）外协管理，包括第三方评估机构、第三方物流机构、第三方监造机构、第三方金融机构和第三方劳务派遣机构等。

风险评估应该包含所有和供应链管理有关的"链"与"流"。链伸展到哪里，风险评估就伸展到哪里，"流"流到哪里，风险评估就流到哪里。"链"所构成的网状结构和"流"所流向的区域都是项目组风险评估的方向和对象。

5.2 供应链风险识别

5.2.1 供应链风险识别的定义

供应链风险识别是分析供应链业务管理中的每一个阶段、每一个参与主体及其所在的业务环境，找出可能影响供应链管理的风险因素，识别风险源，掌握每个风险事件的特征、原因、相互关系及潜在后果的过程。

供应链风险识别的目的是根据可能影响系统或企业目标实现的事件或情况，找到风险源，并生成供应链业务基准风险库。

供应链风险识别的核心是抓住供应链的"链"与"流"，依链探寻，按流索源，应包括以下环节：

（1）识别、评估与对象相关的风险，确定风险类型、风险类别和风险名称；

（2）识别风险分布情况及其特性，以及引发风险的条件；

（3）识别可能导致的风险后果及其对目标的影响；

（4）识别有形和无形的风险，看得见的风险和看不见的风险；

（5）识别原因与事件，威胁与机遇；

（6）识别资产、资源的性质与价值；

（7）识别信息的可靠性；

（8）识别与时间、节点有关的风险；

（9）识别参与人员的偏见、廉洁和可靠性；

（10）识别行为故意带来的风险；

（11）识别合规、违法违规带来的风险。

识别供应链内部风险的同时，还应该识别供应链外部风险，供应链外部风险可以概括为可识别可控制、可识别不可控制及不可识别不可控制三种类型。

可识别可控制的风险也要并入供应链业务基准风险库，及时进行控制和应对；可识别不可控制的风险尽量通过内部留痕、网上留痕的方式和大数据的方式，找到相应的信息证据，并通过推测的方式或其他信息渠道，尽量加以控制和避免；不可识别不可控制的风险要尽量通过内部流程和相关法律法规加以避免，通过合规的方式尽量减少这种风险给企业供应链业务带来的潜在威胁。

企业宜采用适合其目标、能力及所面临风险的风险识别方法。供应链风险识别方法可采用头脑风暴法、结构化或半结构化访谈、德尔菲法、检查表、鱼骨图、历史数据法、危险分析与关键控制点、失效模式和效应分析及危险与可操作性分析。

5.2.2 供应链风险识别方法的选择

上面所说的这九种方法并不是供应链业务风险识别的所有方法，随着供应链业务的不断发展和新业务的加入，以及新技术的发展，这些方法应该被更新或者替换，并逐渐演变成具有供应链业务特征的新方法。

这些方法的适合性和适用性应该随着供应链业务的不断发展和业务实践不断地更新和改进，并不是一成不变的。我们应该创新出更多的属于供应链业务风险识别的新方式、新方法并不断验证这些方法的有效性。

5.2.3　供应链风险识别方法的创新

供应链风险识别方法的创新一是源于实践。我们通过实践，不断推陈出新。

供应链风险识别方法的创新还源于新业务的融入。比如，供应链金融的融入，就需要我们创新风险识别方法，以适合新的业务形式。

供应链风险识别方法的创新还源于新技术的推动。随着技术的不断发展和大数据的应用，一些风险通过技术手段就会被发现或者避免，不再需要我们进行识别。还有就是物联网的发展，也会使得一些风险被时时监控并被发现，这些风险也不再需要我们进行识别。

尽管如此，供应链风险识别方法的创新还是进行时，需要所有的从业者通过不断的实践，创新出完全和供应链业务风险相切合的风险识别方法。这些方法最好能完全体现出供应链业务的特征，并且其有效性、适用性和实用性都能大大提升。

识别方法的创新是供应链风险的重大技术突破，因为只有先发现风险，找到风险源，才能有效应对风险。

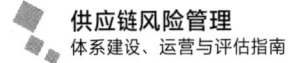

5.3 供应链风险分析

5.3.1 供应链风险分析的定义

供应链风险分析是对识别出的风险及其特征进行明确的定义描述，分析和描述风险发生可能性的高低、风险发生的条件，以确定风险是否需要处理及采用怎样的应对措施处理的过程。它为供应链风险评价奠定了基础。

供应链风险分析首先要考虑风险产生的原因和风险源、风险后果及其发生的可能性，识别影响后果和可能性的因素，还要考虑现有的风险控制措施及其有效性，然后结合风险发生的可能性及后果来确定风险水平。一个风险事件可能产生多个后果，从而可能影响多重目标。

供应链风险分析可以是定性的、定量的或以上方法的结合。

定性分析法是依据分析者的主观判断分析能力，通过逻辑推理、哲学思辨和分析判断等思维方式来推断风险发生的概率和影响趋势的分析方法。

根据供应链业务"链"与"流"的特点，定性分析法可包括但不限于：访谈法、问卷调查法、集体讨论法、专家咨询法、故障树分析、情景分析法、业务影响分析、人因可靠性分析及数据保护影响评估。

定量分析法是指通过对相关供应链业务数据的量化分析来描述、推断某一事物发生风险的可能性和后果的分析方法。

根据供应链业务"链"与"流"的特点，定量分析法可包括但不限于：事件树分析、决策树分析、风险矩阵、风险指数、交叉影响分析及成本/收益分析。

5.3.2　供应链风险分析方法的选择

选择供应链风险分析方法首先要确定是定性分析还是定量分析，然后再各自选择具体的方法，当然，还可以选择定性+定量的分析方法，进行定性+定量组合分析有助于清楚地分析风险。

在实践中，企业要注意根据风险的性质和特点，选用合适的定性和定量分析的方法。每一个业务风险，都应该至少对应一种定性或定量分析的方法。在供应链业务基准风险库中，风险和风险分析方法应一一对应。

在定性分析的九种方法中，业务影响分析、人因可靠性分析和数据保护影响评估占的比例可能大一些。这和供应链业务的特点有关。

业务影响分析：供应链的"链"与"流"都是相互影响的，前一项工作都可能会影响到下一项工作，这是供应链业务的特点。所以，业务影响分析用得会多一些。

人因可靠性分析：人的因素、人的行为、人的品德、人的素质、人的可靠及人的廉洁在供应链业务中体现得淋漓尽致。不管是物流、商流、信息流还是资金流，都会有人的因素在里面，而且人的行为是很重要的影响因素。因此，人因可靠性分析用得也会多一些。

数据保护影响评估：数据是供应链业务的痕迹。在整个供应链业务中，数据，不管是哪个阶段的数据，不管是线上的还是线下的数据，都是非常重要的，都是需要保密、保护和保存的。因此数据保护影响评估会成为未来供应链风险分析中用得较多的分析方法。

此外，访谈法在廉洁风险分析上应用得比较多，情景分析法在具体流程节点上应用得比较多。

在定量分析的六种方法中，风险矩阵和风险指数目前应用得比较多。风险矩阵是普遍应用的一种分析方法，交叉影响分析也是体现供应链业务特点的一种分析方法。在供应链业务中，内部交叉影响和外部交叉影响时刻都在发生；上一个环节对下一个环节的影响，上一个流程对下一个流程的影响，也都时时发生着。

基于现在的供应链业务，成本/收益分析应用得还是比较少的。但是，这个分析方法未来应用得会越来越多，因为当下的供应链业务正逐渐走向效率型和效益型，尤其伴随着数字化和数据化水平的提升，未来供应链业务发展中的成本和收益的分析会越来越被重视。

现在，供应链风险识别中基于成本和收益的风险被忽视了，或者难以被发现和量化。但是，成本/收益分析未来将被提上日程，尤其伴随着供应链金融的引入和物联网技术的实现，成本/收益分析将变得无比重要，一批新的风险点将被识别出来。

基于以上这些原因，项目组选择了这些风险分析方法。但是这些方法也不是一成不变的，仍然需要被更新、改变和创新。

5.3.3 供应链风险分析方法的创新

供应链风险分析方法的创新源于新技术、新业务的不断出现。

新技术的不断发展,推动着分析方法的不断创新。伴随着线上业务的开展,大数据将为人们描绘出数据图谱,这将为供应链风险分析提供数据支持;物联网技术的不断发展,能为企业管理者提供数据支持和时时监测,这为企业的供应链业务风险分析提供了强有力的数据支持和时时反馈,便于风险管理人员及时发现和应对风险;伴随着信用体系和大数据体系的建设和发展,第三方的平台数据也为企业进行风险分析提供了有力的支撑,这些都需要人们不断创新风险分析方法。

当然,最好的分析方法创新仍然源于业务,源于风险管理人员对业务的熟悉程度。伴随着供应链业务的不断发展和业务本身的创新,供应链风险分析方法也会不断适应业务的发展,不断推陈出新。

5.4 供应链风险评价

5.4.1 供应链风险评价的定义

风险评价是将风险分析的结果与企业的风险准则作比较,或者比较各种风险分析结果,确定风险等级,以便做出风险应对决策的过程。

5.4.2 供应链风险评价方法的选择

风险评价方法通常分为定性评价方法和定量评价方法。定性评价方法,包括但不限于:情况发生法、时间频次法、财产损失法、频率程度法和影响程度法。定量评价方法,包括但不限于:风险矩阵法、风险指数法和SEP法。

在供应链风险评价中,项目组把安全类、作业类的风险都用SEP法来进行评价。

在定性评价方法中,项目组选用情况发生法和影响程度法较多。尤其是影响程度法,因为供应链的"链"的属性决定了各个环节的相互影响以及影响程度的大小。

定性评价方法的选用思维就是：是否发生，影响程度多大。所以，情况发生法和影响程度法这两种方法选用得比较多。具体情况如表 5-1 和表 5-2 所示。

表 5-1　五种定性评价法与风险分级

级别	1	2	3	4	5
级别描述	极低	低	中等	高	极高
描述方法一：情况发生法	一般情况下不会发生	极少情况下发生	某些情况下发生	较多情况下发生	常常会发生
描述方法二：时间频次法	每天／每周／每月／每年 0～1次	每天／每周／每月／每年 2～3次	每天／每周／每月／每年 4～5次	每天／每周／每月／每年 6～7次	每天／每周／每月／每年 8～10次
描述方法三：频率程度法	从不 0%	很少 10%	有时 20%	经常 40%	通常 60%
描述方法四；财产损失法	较低的财产损失 损失≤1万元	轻微的财产损失 1万元＜损失≤10万元	中等的财产损失 10万元＜损失≤50万元	重大的财产损失 50万元＜损失≤100万元	极大的财产损失 损失＞100万元以上
描述方法五：影响程度法	对进度／业务／流程／质量／运营／预算／成本／收益／效率／企业没有影响	对进度／业务／流程／质量／运营／预算／成本／收益／效率／企业造成轻微影响	对进度／业务／流程／质量／运营／预算／成本／收益／效率／企业造成一定程度上的影响	对进度／业务／流程／质量／运营／预算／成本／收益／效率／企业造成严重影响	对进度／业务／流程／质量／运营／预算／成本／收益／效率／企业造成重大或无法弥补的影响

表 5-2　五种定性评价法与五种风险类型对应

描述法 风险类型	情况发生法	时间频次法	频率程度法	财产损失法	影响程度法
廉洁风险	适合			适合	适合
合规风险	适合	适合	适合	适合	适合
财产风险				适合	适合
交付风险	适合		适合	适合	适合
作业风险	适合	适合	适合	适合	适合

把情况发生法和影响程度法综合起来考虑，就是定量评价方法中的风险矩阵法。风险矩阵法是最常用的风险定量评价方法。

风险矩阵（Risk Matrix）法是一种将定性或半定量的影响度等级与产生一定水平的风险或风险等级的可能性相结合的方式。在风险矩阵法中，企业把每个风险都进行发生可能性和影响度分析，发生可能性分为 A、B、C、D、E 共 5 个级别，影响度分为 1、2、3、4、5 共 5 个等级，接着根据这个分级，把风险点逐一放入横坐标为影响度，纵坐标为可能性的坐标里面，然后依次标识出风险的级别，具体情况如表 5-3 和图 5-1 所示。

表 5-3　风险等级对应表

级别	V	Ⅳ	Ⅲ	Ⅱ	Ⅰ
级别描述	极低	低	中等	高	极高
颜色对应	灰度 2	灰度 3	灰度 4	灰度 1	灰度 5

第 5 章 供应链风险评估方法的选择与创新

可能性等级						
	E	IV	III	II	I	I
	D	IV	III	III	II	I
	C	V	IV	III	II	II
	B	V	IV	III	III	II
	A	V	V	IV	III	II
		1	2	3	4	5
		影响度等级				

图 5-1　风险等级对应图

风险指数是企业对供应链体系的风险进行半定量测评，利用顺序标度的记分法得出的估算值。风险指数法可以用来对使用相似标准的一系列风险进行评分，以便对供应链各个环节中的风险进行比较。

本方法基于风险发生可能性（1～5个级别，对应分值为1～5分）、影响程度（1～5个级别，对应分值为1～5分）、管理改进迫切性（1～5个级别，对应分值为1～5分）三个维度进行计算，具体指数和级别如表5-4所示。

表 5-4　风险指数等级对应表

级别	1	2	3	4	5
级别描述	极低	低	中等	高	极高
对应风险指数	0～1	1～2	2～3	3～4	4～5

企业可以利用已建立的供应链业务基准风险库，根据每个风险点的扣分分值，并结合该风险点的权重进行计算。扣分分值 R_i 可手工设置，假设该业务总共有 n 个风险点，相应的某个风险点的权重计算公式为：

$$Q_i = \frac{R_i}{\left(\sum_{i=1}^{n} R_i\right)} \quad (5.1)$$

权重也可以人为定义。比如，一个业务共有 5 个风险点，每个风险点的权重均为 0.2。

权重计算或者人为定义后，这个业务的风险值及对应风险级别用如下计算公式计算：

$$F = \sum_{i=1}^{n} Q_i f_i \quad (5.2)$$

其中，f_i 为风险点 i 的风险值，即风险点水平，Q_i 为第 i 个风险点的权重。

接下来计算第 i 个风险点的风险值，或者风险水平。

第 i 个风险点的风险值可以利用如下计算公式计算：

$$f_i = \sqrt{\sqrt{a_i \cdot b_i} \cdot c_i}, i = 1, 2, \cdots, n \quad (5.3)$$

其中，f_i 为风险点 i 的风险值，即风险点水平；a_i 为风险点 i 的影响程度；b_i 为风险点 i 的发生可能性，c_i 为风险点 i 的改进迫切性。

举例说明：假设危险废物处理有四个风险点，分别为：回收服务商采购、危险废物台账管理、危险废物处置和危险废物账务处理。我们假设这四个风险点的权重都为 25%，影响程度值分别为：2、4、2、3，发生的可能性分别为 1、5、2、3，改进的迫切性分别为 2、1、5、2，则利用公式 5.3 分别计算这四个风险点的风险值：

回收服务商采购风险值 =1.6818（对应低，1 级）；

危险废物台账管理风险值 =2.1147（对应中等，3 级）；

危险废物处置风险值 =3.1623（对应高，4 级）；

危险废物账务处理风险值 =2.4495（对应中等，3 级）。

利用公式 5.2，计算出危险废物处理这个业务的风险值为：

F=2.3521（对应中等，3 级）

由此得出结论：危险废物处理的风险等级为 3 级，其下面的四个子业务的风险等级分别为：1.16818——1 级；2.1147——3 级；3.1623——4 级；2.4495——3 级。

SEP 法是一种用于工作业务和生产区域风险评估的半定量评估方法。主要用法如下：

（1）根据现有的基础数据和经验判断，对照 P、E、S 的基准值（见表 5-5、表 5-6 和表 5-7），分别给出风险项目的 P、E、S 分值；

（2）用公式 $R=P \times E \times S$，计算出风险值 R；

（3）对照风险等级标准（见表 5-8），确定风险项目的风险等级。

具体情况如表 5-5、表 5-6、表 5-7 和表 5-8 所示。

表 5-5　可能性（P）基准值

序号	采购计划不准确的可能性		分值
	重新修改计划、导致流标、导致错误招标、导致合同错签	对招标业务的破坏	
1	如果危害事件发生，即产生最可能和预期的结果（100%）	频繁：平均每半年发生一次	10
2	十分可能（50%）	持续：平均每 1 年发生一次	6
3	可能（25%）	经常：平均每 2 年发生一次	3
4	很少的可能性，据说曾经发生过	偶然：3～5 年发生一次	1
5	相当少但确有可能，多年没有发生过	很难：10 年发生一次	0.5

表 5-6 发生的频率频次（E）基准值

序号	风险在业务中发生的频繁程度		分值
	重新修改计划、导致流标、导致错误招标、导致合同错签	对招标业务的破坏	
1	持续（每周都有）	大于2倍的法定极限值	10
2	经常（每月至少有二次）	介于1~2倍的法定极限值之间	6
3	有时（每个季度有二次）	法定极限值内	3
4	偶尔（每半年有一次）	正常允许水平和法定极限值之间	2
5	很少（每1年有一次）	正常允许水平内	1
6	特别少（每2年有一次）	低于正常允许水平	0.5

表 5-7 后果（S）严重程度基准值

序号	风险可能造成后果的严重程度		分值
1	导致流标	描述一	100
	导致错误招标	描述二	
	导致错误签订合同	描述三	
2	导致流标	描述一	50
	导致错误招标	描述二	
	导致错误签订合同	描述三	
3	导致流标	描述一	25
	导致错误招标	描述二	
	导致错误签订合同	描述三	
4	导致流标	描述一	15
	导致错误招标	描述二	
	导致错误签订合同	描述三	

（续表）

序号	风险可能造成后果的严重程度		分值
5	导致流标	描述一	5
	导致错误招标	描述二	
	导致错误签订合同	描述三	

表 5-8 风险等级（$R=P \times E \times S$）标准

序号	风险等级	判定条件
1	重大	$1200 \leqslant R$
2	高	$800 \leqslant R < 1200$
3	中	$200 \leqslant R < 800$
4	低	$20 \leqslant R < 200$
5	可承受	$R < 20$

企业将 SEP 法用于供应链风险评估，需要进行一些修正，在供应链风险管理中，SEP 法中的各项指标应该有所变化，其中 P 表示风险发生后导致后果发生的可能性，E 表示风险发生的频繁程度或频次、频率，S 表示风险可能造成后果的严重程度。

具体做法如表 5-9、表 5-10、表 5-11 和表 5-12 所示。

表 5-9 供应链风险发生后果的可能性（P）基准值

分数值	风险发生后果的可能性
10	极高
6	高
3	中等
1	低
0.5	极低

表 5-10　供应链风险发生的频率频次（E）基准值

分数值	风险发生的频率频次
10	经常
6	每天 1 次
3	每周 1 次
2	每月 1 次
1	每年几次

表 5-11　供应链风险造成的后果严重程度（S）基准值

分数值	风险发生事故后产生的后果
100	无法交付、无法评标、伤亡、灭失、损坏、违法
40	工作中断，有易燃、易爆可能，有人身伤害可能，有重大损失可能
15	有安全隐患，可能会引发事故
7	对工作产生轻微影响
3	没有什么影响

表 5-12　供应链风险等级（$R=P \times E \times S$）标准

风险值（R）	危险程度
$R > 320$	重大风险
$160 \leqslant R < 320$	高风险
$70 \leqslant R < 160$	中风险
$20 \leqslant R < 70$	低风险
$R < 20$	可承受

进行这样的修正后，SEP 法更加符合供应链风险的评估特性。

企业将这三种定量评价方法与五种风险类型进行对应，对应表如 5-13 所示。

表 5-13　三种定量评价法与五种风险类型对应表

风险类型＼描述法	风险矩阵法	风险指数法	SEP 法
廉洁风险	适合		
合规风险	适合	适合	适合
财产风险			
交付风险	适合	适合	
作业风险	适合	适合	适合

在风险评价实践中,企业还可能要对某个项目、业务模块或部门进行评价,这些都需要相应的评价方法。对此,项目组选用了风险评估表法。

风险评估表法提供了从最小业务分级向上评价或者对不同的业务组合进行风险评价的方法,是对业务模块、部门业务进行综合风险评价的方法,也是主管人员对自己主管的业务模块或主要业务进行风险评价的方法。

风险评估表的结构及其构成要素说明如表 5-14 所示。

表 5-14　风险评估表结构

业务模块名称	风险水平（r）					权重	结果	最大可能结果
子模块名称	1	2	3	4	5	w	R	M
A								
A1								
A2								
	总风险							
B								
B1								
B2								
B3								
	总风险							

(续表)

风险评估得分（RAS）=$R \times 20/M$ 公式中的 20 为最大可能风险，根据使用者的习惯，还可以取值 30、40、50、100 和 1000 等。					
1	2	3	4	5
极低	低	中等	高	极高
$0 < RAS < 5$	$5 < RAS < 7$	$7 < RAS < 11$	$11 < RAS < 15$	$15 < RAS < 20$
风险管理负责人确认栏				
代表		签名		日期

风险评估表使用说明如下：

① 每一个风险要素的风险水平 r 从 1 到 5，即从极低到极高；

② w 代表每一条风险要素的权重，这个需要评估者来定义；

③ 将风险水平乘以每个风险要素的权重算出结果数值 R；

④ 用风险水平的最大值乘以每一个风险要素的权重，得到每一个风险要素的最大可能结果；

⑤ 将每一个风险要素的风险结果数值相加，计算总风险（$R=\sum r \cdot w$），并将此值与最大可能结果比较；

⑥ 计算出风险评估得分后，根据分值所在的登记区间进行分级。

举例说明如表 5-15 所示。

表 5-15 合约管理风险评估表结构

业务	合约管理	风险水平（r）				权重（%）	结果	最大可能结果
合约管理评估风险		1	2	3	4	5	w	R	M
A	物资合同执行管理								

（续表）

业务	合约管理	风险水平（r）			权重（%）	结果	最大可能结果
A1	合同供货进度跟踪			3	15	45	75
A2	履约问题处理（服务类）			3	10	30	50
A3	合同货款支付		2		10	20	50
A4	合同变更		2		10	20	50
A5	合同终止	1			5	5	25
A6	物资合同归档			3	10	30	50
	总风险				60	150	300

风险评估得分（RAS）=$R \times 305 / M = 150 \times 305 / 300 = 152.5$
公式中的 305 为最大可能风险，因为最大可能结果为 300，所以最大可能风险的取值要高于最大可能结果。

1	2	3	4	5
极低	低	中等	高	极高
$0 < RAS \leq 45$	$45 < RAS \leq 90$	$90 < RAS \leq 135$	$135 < RAS \leq 180$	$180 < RAS \leq 225$
风险管理负责人确认栏				
代表		签名		日期

具体说明有：进行权重划分时，我们首先将合约管理的九大部门三级业务进行权重划分，保证这九大业务的权重加起来正好是 100%。我们假设物资合同执行管理这六项业务总占比为 60%，合同签订占比 40%。

风险评价方法也可以采用定性与定量相结合的方法。为了简单起见，项目组在供应链业务基准风险库中都只用一种方法进行评价。

风险评价也可以选用不同的方法。评价方法不是唯一和固定的。企业也可以选择不同的方法对同一个风险进行定级，以判断所定级别的准确性。如果人们对某一个风险级别的定级判定存有疑虑或者争议，就可以用不同的评价方法测试项目组的定级是否准确。

5.4.3　供应链风险评价方法的创新

供应链风险评价方法应尽量用定量的方法进行评价,因为这样更有利于制定针对性的应对措施。

在供应链风险评价中,目前财产损失法中的财产损失还无法准确计算。在未来,伴随着大数据的应用,财产损失法会成为风险评价的一种重要的方法。

目前,人们还无法准确计算供应链风险给财产造成的损失,或者人们忽略了一些供应链风险给财产造成的损失。

财产损失法本身就是一种很好的定量评价方法,而且比较适合于供应链风险评价。目前,由于人们对成本、效率、效益和效能的认识不足,对这些方面的风险识别还不够,所以这种方法的使用还不充分。伴随着技术的发展,包括大数据的应用、智能机器人的应用、无人机的应用、数据挖掘技术的应用及信用体系的应用,人们对风险评价的方法也趋于建模化。让数据自己说话,让风险自动评价、自动评级并自动产生应对的措施,这是未来风险评价的发展趋势,也是风险评估数据化应用的趋势。

对于那些看不见、摸不着,不知道在哪发生、什么时候发生的外部风险的评价,企业应采用定性与定量相结合的方法,以预防为准,或者应用大数据提醒、预警的方式进行评价,提前做出应对准备,避免灾难性后果的发生。

5.4.4 供应链风险定级

在本书中，项目组把风险分为重大、高、中、低、极低共 5 个等级。需要说明的是：风险可以分为 4 级，也可以分为 3 级，具体分为几级，企业要根据自己的情况来定。具体分级标准有：

（1）重大：对供应链业务目标的实现造成重大或者无法弥补的影响；

（2）高：对供应链业务目标的实现造成严重影响；

（3）中：对供应链业务目标的实现造成一定程度上的影响；

（4）低：对供应链业务目标的实现造成轻微影响；

（5）极低：对供应链业务目标的实现没有影响。

第6章

供应链风险应对措施与层级

6.1 供应链风险应对措施

6.1.1 供应链风险应对的定义

供应链风险应对是指企业根据风险评价的结果,结合风险承受度,做出关于风险需要如何应对的决策,确定风险应对策略,并制定改变供应链风险发生可能性的措施的过程。

6.1.2 供应链风险应对策略的制定

常见的供应链风险应对策略包括风险规避、风险降低、风险分担和风险承受。

风险规避是指企业对超出风险承受度的风险,通过放弃或停止与该风险相关的业务活动来避免和减轻风险产生的损失的策略。

风险降低是指企业采用适当的控制措施降低风险或减轻风险产生的损失,将风险控制在风险承受度之内的策略。

风险分担是指企业借助他人力量,采取恰当的控制措施,将风险控制在风险承受度之内的策略。

风险承受是指企业对风险承受度之内的风险，在权衡成本效益之后，不准备采取控制措施降低风险或减轻风险产生的损失的策略。

企业根据风险应对策略，针对供应链管理各业务中可能发生或已经发生的风险制定相应的措施，即为供应链风险应对措施。

6.1.3 供应链风险应对措施的盘点和分类

企业在制定应对措施时，首先要盘点、评估原有的相关措施，同时还要评估新的应对措施或者补充的应对措施是否可能引发新的风险。

现有的供应链业务风险应对策略以风险降低和风险分担为主，风险应对措施也主要以风险降低类和风险分担类措施为主。

根据供应链业务风险的特点，这些措施主要分为提升类、补救类、规约类、遵从类和核查类共五大类，如表6-1所示。

表6-1 现有供应链业务风险应对措施分类

应对措施类别	措施内容
提升类措施	在现有措施基础上进行提升、加强
补救类措施	补上缺乏的制度、流程、方案、模板、文书和标准等
规约类措施	制定、限定和设定新的各类规约
遵从类措施	遵从、落实和培训已有的控制措施
核查类措施	核对、核查和监督过程中的环节

供应链风险应对是一个递进的循环过程。企业实施风险应对措施后，应对新的风险水平进行重新评估，确定其是否在可承受范围之内，从而确

定是否需要制定新的风险应对措施，直至剩余风险在可承受范围之内。

6.1.4　供应链风险应对措施的撰写及模板

风险应对措施的撰写，应该按照执行主体+动词+宾语的方式，这样比较清晰明了。执行主体是执行层级，动词就是具体的动作，具体要注意以下三点。

（1）企业要弄清楚风险管控的层级，分清主要负责机构，具体到一级公司、二级公司、三级公司或需求单位或者这四个主体的组合。

（2）风险应对措施要具体、明确且可执行，企业要针对风险描述中的具体事项设定措施，可操作性要强。

（3）企业在撰写风险应对措施之前要盘点、评估并参照现有的管控措施，在现有管控措施的基础上撰写新的应对措施，避免重复，或者补充、修订原有的应对措施。

在措施分类的基础上，按照执行主体+动词+宾语的句式模板，项目组根据公司的供应链风险总结出30个措施关键词，并将关键词按照措施类别进行了归类，如表6-2所示。

表 6-2　现有风险应对措施句式撰写模板及关键词

应对措施类别	措施句式模板
提升类措施	一级公司/二级公司/三级公司优化，加强，提高，细化，规范，强化，加大，完善，明确，及时，调整……
补救类措施	一级公司/二级公司/三级公司补全，健全，补充，增加……
规约类措施	一级公司/二级公司/三级公司制定，限定，规定，设定……

（续表）

应对措施类别	措施句式模板
遵从类措施	一级公司/二级公司/三级公司遵循，遵守，落实，统一，签订，举办……
核查类措施	一级公司/二级公司/三级公司核对，核查，审核，监督……
措施关键词	
强化、明确、制定、加强、提供、提高、建立、补充、规定、及时、限定、设定、完善、优化、增加、落实、遵循、遵守、设立、加大、规范、签订、举办、统一、健全、调整、核对、检查、审核、监督	

6.2 供应链风险应对措施的制定

6.2.1 制度、流程的制定与补充

制度、流程的制定与补充，通常用于应对缺失类的风险。因为制度、流程的缺失，容易产生一些不可预测的后果，造成供应链风险中的一些中、高风险甚至是重大的风险。因此，及时补充应对这些风险的制度、流程，是一个重要且紧急的事情。

例如，后评价管理业务中有一个"缺少后评价相关标准"的风险点，其风险描述为"后评价结果需经公司供应链部确认，可能造成后评价专家无法独立评审"，用频率程度法来评价该风险，风险等级为中，其应对措施为"省公司制定后评价的制度和流程，明确相关事项；公司严格执行"。风险管理部或相关业务部门要及时与省公司沟通，制定后评价的制度和流程，从而降低业务中的风险。

项目组要对整个供应链业务基准风险库中需要制定的相关制度和流程进行统计，以此作为业务规范化提升的辅助。

6.2.2 实施细则的制定与补充

实施细则的制定与补充，通常用于应对供应链业务风险中的偏差、保密和不一致等类别的风险，这些细则的制定还可能涉及不同的应对层级、不同的部门和不同的管理层级，需要进行广泛的协调，需要多部门、多层级进行联合应对。制定相应的实施细则共同应对，可以降低供应链业务运行过程中的风险。

例如，采购质疑投诉管理业务中有一个风险点是"办法缺乏实操价值"，其风险描述为《某某有限责任公司采购投诉举报处理办法（试行）》所描述的流程较为笼统，缺乏对实操的指导性"，按影响程度法来评价该风险，风险等级为高，其应对措施为"省公司细化《采购投诉举报处理实施细则》"。风险管理部或相关业务部门要及时与省公司沟通，制定相关实施细则，从而有效管控风险。

细则和制度、流程的不同就在于：细则首先是需要多个执行主体和部门合作完成的；其次是细则的细化是非常专业的事情；最后就是细则的细化和补充是一个实践性很强的工作。所以，细则的制定和补充，是一个需要多方协调、多方调研的过程，也是一个费时费力的过程。细则越详细，就越实用，也就越具有指导性。

6.2.3 方案、方法的制定与补充

方案、方法的制定与补充，通常用于应对保密、不一致、偏差、不足、缺失和变动类的风险，因为方案、方法的缺失或过时，容易造成供应链业

务运行过程中出现相应的风险。对这类风险点，风险管理机构及相关业务人员要及时与相关部门沟通，制定、更新和补充相应的方案、方法，从而实现对风险的有效管控。

例如，招标（非招标）管理业务中有一个风险点是"不能囊括所有专业的专家"，其风险描述为"在方案编制中确定专家专业类别时，部分项目标的专业类别杂、多，导致不能囊括所有专业的专家，只能采取多专业合并抽取专家的方式，导致部分评标专家不专业"，按影响程度法来评估该风险，风险等级为中，其应对措施为"某公司配合省公司合理划分标包，扩容专家库，按照专业类别制定方案"。对此，风险管理部或相关业务部门要及时与省公司沟通，合理划分标包，尽力扩容专家库，按照专业类别制定方案，从而有效管控风险。

6.3 供应链风险应对层级

6.3.1 单独应对

单独应对,是指应对风险时不需要与其他公司、其他部门协作,所有的风险控制活动,从策划到执行都集中在一个部门的情况。

单独应对较为简单,只需要按照相关的供应链风险管控流程及管控标准执行即可,同时要及时将执行的结果报告给专门的风险管理部、相关业务人员等。

6.3.2 联合应对

联合应对,是指应对风险时需要与上级部门或其他部门协作才能完成风险控制的计划与活动的情况。联合应对较为复杂,需要风险管理部或上级部门出面协调,企业要按照风险管控计划的要求,各司其职,按照流程及相关标准执行一系列的管控活动,从而实现对风险的有效管控。

例如,评标专家和专家库管理业务中有一个"泄露专家专业类别或退库专家信息"的风险点,其风险描述为"将专家填报的专业类别或退库专家的信息泄露给其他人员",按情况发生法对风险进行评价,风险等级为中,其应对措施为"一级公司、二级公司、三级公司和需求单位定期或不定期地进行廉洁教育工作,签订保密协议,进行保密审查和监督"。也即,要想对该风险实现有效的管控,降低发生概率,需要一级公司、二级公司、三级公司和需求单位联合应对,定期或不定期地举行一系列的管控活动(廉洁教育、签订协议和监督审查等)才能达到风险管控的目标。

6.4 供应链风险应对计划的制订

6.4.1 风险应对小组

公司应该成立一个年度风险应对小组或者风险应对委员会,负责审核风险应对计划、风险应对措施和风险应对方案。小组成员要求熟悉供应链业务,参加过供应链风险管理培训活动,拥有一定的风险管理经验。

6.4.2 制订风险应对计划

各业务部门或者相关需求单位需要制订相应的风险应对计划,以实施风险应对措施。风险应对计划的制订首先是各业务和职能部门制订应对计划,然后是风险应对小组收集计划、整合计划并制订出年度风险应对实施计划,下发给各业务和职能部门执行。

风险应对计划应该与企业的管理过程整合。在制订过程中,企业要与适当的利益相关者讨论,对于需要多个层级联合应对的风险,还要制订联合应对计划。

风险应对计划的内容包括：

（1）明确的控制目标；

（2）控制措施实施的要件和条件；

（3）预期的效果及其约束条件和资源配合情况；

（4）风险应对方案的选定；

（5）制订计划的人员、批准计划的人员和执行计划的人员；

（6）建议的活动、培训和具体方式方法；

（7）试运行期间报告和监督、检查的要求；

（8）具体的时间计划表；

（9）联合应对的部门、主要负责人及其分工和时间要求。

供应链风险应对计划应该落实到层级、落实到部门、落实到岗位、落实到人员、落实到问题和落实到时限。只有这样，才能确保有效地进行风险应对。

6.4.3 选择风险应对方案

风险应对方案的选择和评估是风险应对计划中一个非常重要的事项。风险应对方案的选择要考虑以下五大要素。

（1）此方案是否是应对风险最适合的方案。所谓最适合是从风险应对的效果、风险应对的费用及风险应对的资源使用情况方面综合考虑的。适合的方案才是最好的方案。

（2）此方案的执行是否会产生次生风险。这个是非常重要的一个考虑要素，不能因为应对风险而产生了新的风险，因此这也是要评估的内容。

（3）此方案对相关流程和环节的间接影响。有的方案在这个环节和流程上没有问题，是好的方案，但是会间接影响下一个流程或者环节，这也需要进行评估。

（4）此方案执行起来是否有难度，是否需要很多资源的配合才能产生效果，或者是否需要花费巨大的财力、物力及人力才能执行。选择方案也要充分考虑执行的难度和资源情况。

（5）此方案的预算情况。执行方案需要费用，需要制定详细的预算，以评估风险造成的影响和应对风险的费用之间的关系，也就是要在应对风险的投入产出比和价值之间有一个估量。

第 7 章

风险管控手册的编制与使用

7.1 风险管控手册的编制

7.1.1 编制要求

风险管控手册是在供应链业务基准风险库的基础上，企业根据各部门的供应链风险管理的需要而编写的即查即用的手册。

项目组在编制风险管控手册时要根据"即查即用"的定位，特别注意以下要求。

1. 注意使用的方便性

风险管控手册主要面向各业务部门使用，为的是方便业务人员能够"拿来即用""即查即用"，所以企业在编制风险管控手册时要注意后续使用、更新和对接的方便性。风险管控手册要便于查、便于改、便于修、便于用、便于上系统、便于和其他体系衔接、便于考核、便于组合及便于母公司或子公司多级使用。

2. 注意分散、精准使用

如果企业有特别的保密要求，风险管控手册的编制要保证企业风险资料不外传。为防止泄密，企业可以将风险管控手册适当拆分，各业务部门只拿与自己部门业务相关的手册内容。

3. 注意配套风险评估方法资料

为方便各业务部门及相关责任人风险管理的需要，风险管控手册可配套相应的风险评估方法资料，企业通过适当培训引导大家使用。

风险评估方法资料主要包括风险识别方法资料、风险分析方法资料和风险评价方法资料，在手册中分别以附录 A、B、C 的形式出现。

4. 注意明确手册编制职责

通常，总经理负责风险管控手册的决策与审批，项目组负责风险管控手册的编写。在项目评审时，风险管控手册作为项目成果之一将被评审；评审后，项目组根据评审意见再进行最终的修改。项目组解散后，企业风险管理部门全面负责风险管控手册的下发、实施监督及改进工作。

7.1.2 结构设计

风险管控手册的结构设计如表 7-1 所示。

表 7-1 风险管控手册的结构设计

结构	说明
全文结构	导语 + 十一项一级业务
每章结构	一级业务 + 二级业务 + 风险类 + 风险评估 + 应对措施，构成闭环
两张表的结构	第一张表是风险类表，第二张表是风险点描述 + 风险评估 + 风险类型 + 应对措施 + 现有措施

之所以这样设计,主要是因为风险管控手册的定位以"用"为主,这样设计更方便使用者进行业务查询。比如,若要查风险分类,第一个表说得非常明白;若要查风险点描述、风险评估和应对措施,第二个表表述得非常清晰。在实践中,企业可以根据自己的管理及业务实际灵活调整、修改风险管控手册的结构设计。

下面以公司合同签订业务的部分风险为例说明风险管控手册的结构与内容设计。

1. 风险类别、风险名称及风险类型

合同签订主要涉及 3 个风险类别、3 个风险名称、5 个风险点及 2 个风险类型,如表 7-2 所示。

表 7-2　合同签订业务的风险类别、风险名称及风险类型

序号	风险类别	风险名称	风险点	风险类型
1	系统功能不全	系统功能不全	跨系统数据传输存在数据丢包的情况	合规风险
2	变动	合同变动	需求变动导致分配结果撤回	合规风险
3	系统功能不全	系统功能不全	系统功能不完善导致隐患	合规风险
4	系统功能不全	系统功能不全	系统功能不全导致隐患	合规风险
5	缺失	编码缺失	前期未申请到对应的物资编码	交付风险

2. 风险评估及应对措施

5 个风险点的风险评估及应对措施如表 7-3、表 7-4、表 7-5、表 7-6、表 7-7 所示。

表 7-3 风险点 1：跨系统数据传输存在数据丢包的情况

风险点描述	风险评估					风险类型	应对措施	现有的风险控制措施	
	风险识别	风险分析	风险评价						
			评价方法	风险等级				所属层级	文件名称
定标后，专项招投标数据、框架招标数据由电商系统推送到资产管理系统时，由于是跨系统数据传输，可能发生数据丢包的情况，导致专项招标合同签订不及时、框架协议签订不及时，影响供电局框架需求申报	失效模式和效应分析	业务影响分析	影响程度法	高		协同风险	建议完善优化系统功能	省公司	物资供应链关键环节业务传递工作会议纪要（物资会议〔2019〕5号）

表 7-4 风险点 2：需求变动导致分配结果撤回

风险点描述	风险评估					风险类型	应对措施	现有的风险控制措施	
	风险识别	风险分析	风险评价						
			评价方法	风险等级				所属层级	文件名称
框架需求分配后推送至合约环节，由于需求计划的数量、单位、规格型号、配置和交换时间等问题需将分配结果撤回，导致合同签订推迟	失效模式和效应分析	故障树分析	情况发生法	极低		合规风险	及时与合约签订方沟通协商解决措施	无	无

表 7-5 风险点 3：系统功能不完善导致隐患

风险点描述	风险评估				风险类型	应对措施	现有的风险控制措施	
	风险识别	风险分析	风险评价					
			评价方法	风险等级			所属层级	文件名称
系统功能不完善，无法实现电商系统和物资系统双系统标准文本的统一调用，导致需要工作人员核对，合同签订时引用的合同版本与招标文件不同，签订的框架协议和订单合同与招标文件的实质性内容不同	失效模式和效应分析	业务影响分析	影响程度法	高	合规风险	建议完善优化系统功能	中国南方电网有限责任公司物资合同执行管理业务指导书（Q/CSG 437001—2016）	业务指导书

表 7-6 风险点 4：系统功能不全导致隐患

风险点描述	风险评估				风险类型	应对措施	现有的风险控制措施	
	风险识别	风险分析	风险评价					
			评价方法	风险等级			所属层级	文件名称
系统功能不全，导致招标部门将定标的系统数据由电商系统推送至资产系统时，推送的框架中标结果的价税与中标结果不一致	失效模式和效应分析	业务影响分析	影响程度法	高	合规风险	建议完善优化系统功能	无	无

表 7-7　风险点 5：前期未申请到对应的物资编码

风险点描述	风险评估				风险类型	应对措施	现有的风险控制措施	
	风险识别	风险分析	风险评价				所属层级	文件名称
			评价方法	风险等级				
由于前期招标部门未申请到对应的物资编码，用其他相近物资的编码替代进行招标，导致框架协议签订的物资与实际需求单位需要的物资不一致	失效模式和效应分析	业务影响分析	影响程度法	高	交付风险	优化物资编码规则；优化系统功能	无	无

7.2 风险管控手册的使用

7.2.1 引导使用手册

编制完成风险管控手册后,项目组要引导业务部门及相关人员使用风险管控手册,通过手册使用培训等活动培养业务部门及相关人员的风险管理能力,并为其提供寻求帮助的方法。

项目组在引导使用风险管控手册的过程中,要注意以下几个关键点。

1. 手册使用培训的教材

手册使用培训的教材包括供应链风险培训须知、供应链风险管控手册使用办法、相关专题培训教材及各部门内训教材等,相关人员要提前准备妥当。

2. 引导手册使用的重点

风险管控手册的精髓在于"即查即用",保证使用者一旦在工作场景里遇到类似的问题或危险可以迅速定位,找到具体的应对措施。所以,风险管控手册要引导大家迅速定位,查找风险点、风险应对措施和风险评估方法。但从另一个角度看,手册源于对供应链业务风险的管理,所以手册使用的核心仍在于提升使用者的风险管理能力,重点是让使用者能够理解风险评估的完整过程,可以使用常用的风险评估方法来处理风险,尤其是一些定量方法,使用者要灵活使用并对风险进行定级、应对。

3. 注意考核

引导使用风险管控手册的过程,既是员工风险管理能力提升的过程,也是公司年度培训计划的一部分。所以,该过程须遵守公司的培训活动规范,在完成整体培训后,相关人员须参加培训考核,不合格者要进行另外的强化训练,直到合格为止。员工接受培训并考核合格后,人事行政部要将其培训记录整理归档,为以后调岗、晋升和培训等提供依据。

7.2.2 定期审定手册

风险管控手册的生命力在于其不断更新的机制,项目组及风险管理部门要对风险管控手册的定期审定做出安排,明确工作职责,制定相应的工作计划或方案,通过定期审定手册实现对供应链业务风险的有效管控,提升公司治理的规范化水平。

7.2.3 风险管控手册与运营信息系统的建设

风险管控手册是企业供应链风险管理的线下手段之一,按照供应链风险管理"线上线下相结合"的理念,项目组要做好风险管控手册与运营信息系统的对接。具体来说，对于运营信息系统中提醒的业务风险关键词，项目组要通过及时查找风险管控手册快速了解、处理风险。在定期审定风险管控手册时，项目组也要加强与信息管理部门的沟通，及时更新运营信息系统，由此不断提高公司供应链风险管控的效率和水平。

第 8 章

风险管理体系的运营与实施

8.1 组织设计

8.1.1 考虑因素

供应链风险管理体系运营组织设计是指以供应链风险管理体系组织为核心的组织系统的整体设计工作。

在设计供应链风险管理体系运营组织的结构时,企业需考虑风险管理战略、规模、供应链业务结构、人员类型及高层认可度等因素,同时遵循以下七项基本原则,以保证供应链风险管理体系组织的结构最适合本企业的发展。

1. 目的性原则

即各类风险管理体系运营组织的设立要围绕供应链风险管理的目标和任务进行,要确保完成供应链业务经营活动,实现供应链业务战略目标,从而实现价值的创造。这一目标和导向必须始终牢记。

2. 适应性原则

即在进行供应链风险管理体系运营组织的结构设计时,企业要考虑内、外部环境对供应链业务运行的影响与制约，应使组织结构与内、外部环境处于"最佳适应状态"。

3. 明确性原则

即企业要清晰地界定供应链风险管理体系运营组织各层级的报告关系，明确标明"谁向谁负责"，避免重复管辖和多头领导的情况，以便于供应链风险管理体系运营活动的开展和运营效率的提高。

4. 分工协作原则

即企业按不同的方式组合供应链风险管理体系运营组织，如职能型组合、事业部组合等。企业应根据自身特点和条件，选择适合自己的组合方式，通过分工协作提高供应链风险管理的效率。

5. 协调配合原则

即企业将供应链风险管理体系运营组织从上到下设计为一个有机整体，保证机构内各部门、各层级之间的有机联系及相互协调配合性。

6. 适度分权原则

即企业在设计供应链风险管理体系运营组织结构时，应考虑权力的分配模式，将集权与分权控制在合适的基准上，保证既不影响运作效率，也不影响管理层和基层员工的工作积极性，使组织具有高度的开放性和协作性。

7. 精简性原则

即在保证实现企业供应链风险管理战略目标的前提下,企业应力求部门数量最少,以避免组织的庞大和冗繁,这样有利于节省沟通成本和缩短业务流程,从而大大提高运营效率。

8.1.2 组织形式

供应链风险管理体系运营组织的形式有多种,如职能式组织形式、项目式组织形式和矩阵式组织形式等。具体情况如下。

(1)职能式组织形式,即企业通过设置专门的供应链风险管理部门,将企业的供应链风险管理工作交予此方面的专业人员来管理,如设置供应链风险管理部等。

(2)项目式组织形式,是企业按照项目来划归所有资源的组织形式,即每个项目有完成项目任务所必需的所有资源,每个项目的实施组织有明确的项目经理,项目的具体工作由项目团队负责。供应链风险管理体系也可以在组织内部以项目的方式运营,企业可以设置项目经理,建设项目团队,进行权责分工并执行汇报制度,如设置供应链风险管理项目部等。

(3)矩阵式组织结构形式,是在统一的组织中,企业将按职能划分部门和按项目划分部门相结合而产生的一种组织形式。此种结构既具有一定的灵活性,又有一定的整体性和稳定性,能充分、高效且灵活地利用公司内的各种资源。例如,由风险部统一管理供应链风险管理体系的运营工作,各职能部门各自管理自己业务范围内的风险,然后统一向风险部汇报工作。

以上三种组织形式各有优势，企业可根据本公司的实际情况和业务的开展情况有选择性地使用。

从实际运营来看，组织方式无非就两种，一种是单独设立部门，一种是和其他的部门相融合。单独设立部门，会运营得比较好；和其他的部门相融合，从企业资源利用和管理的角度来说，比较节省资源。当然企业也可以采用前期设立统一的部门管理，等运营工作规范后再将其并入某个管理部门的方式。

具体如何设计运营组织方式，就要看公司的实际情况及运用供应链风险管理体系的策略。例如，如果公司把供应链风险管理体系看作一个管理工具，目的是和其他的体系进行有效融合，那么就可以单独设立供应链风险管理部门，以其为抓手，提高整个公司的规范化管理水平。

8.2 组织架构与责权设计

8.2.1 组织架构设计的四种方式

根据公司的不同要求，供应链风险管理体系运营组织设计可以采用供应链风险管理委员会、供应链风险管理部、供应链风险管理项目部和监察部（供应链风险管理办公室或供应链风险管理项目办）四种组织形式或者是四种组织形式的组合体。

1. 供应链风险管理委员会

这种组织形式是在公司层面设立一个供应链风险管理委员会。

供应链风险管理委员会设主任一名，可以兼职；设副主任一名，可以兼职，主持工作；委员按照各条业务线设计若干，可以兼职。

工作方式是定期会议制、平时汇报制、有事协调制和重大风险处理项目制。

好处：公司从高层到执行层全面参与到供应链风险管理体系的运营中，公司不增设部门，资源充分被利用，有事可以协商和开会，其他部门平时都正常运营。

不足：如果副主任是专职，工作会推动得比较好；如果副主任是兼职，其他人也全部是兼职，则不利于工作的全面开展，工作的协调也会因为没有领导层级而缺乏效率。

改善的方式：公司可以设立供应链风险管理委员会，设专职人员一名，专门从公司顶层设计的角度推进供应链风险管理体系的运营；或者在供应链风险管理委员会下面设立一个办公室，专门负责公司供应链风险管理体系的运营事项；或者在供应链风险管理委员会下面设立供应链风险管理部，这个方式适合总公司与分公司的模式。

2. 供应链风险管理部

企业设立单独的供应链风险管理部，该部门直接归公司高层领导；设立单独的供应链风险管理部，归相关管理体系部门领导；设立虚拟的供应链风险管理部，全部由公司各职能部门的人兼任成员。这三种方式都可以被企业选择。

供应链风险管理部可以设部长一名，副部长一名，专责一名；或者是部长一名，专责一名。

好处：如果企业单独设立供应链风险管理部，会持续推动风险管理这项工作；如果供应链风险管理部和其他的体系合并运行，则会节省公司的管理资源并提高体系的运行效率；如果企业设立虚拟的供应链风险管理部，其全部由兼职人员组成，那么机构减少了，也有助于资源被有效利用。

不足：企业设立专门的部门，需要增设岗位；部门全部是兼职人员，不利于工作的开展；部门并入其他部门和其他体系一起运营，专业性会被削弱。

组织应考虑自己的实际情况，根据实际情况考虑是否设立供应链风险管理部、如何设立供应链风险管理部。

3. 供应链风险管理项目部

供应链风险管理项目部类似于供应链风险管理部，但是不同的是，企业设立供应链风险管理项目部的目的是运营起来后，可以解散项目部，将其职能交给公司的其他职能部门，或者改成供应链项目管理办公室后归入其他的管理部门。

供应链风险管理项目部可以设部长一名，副部长一名或者专责一名；也可以设部长一名，专责一名。

好处：阶段性工作采用项目的方式，推进快，成果好。

不足：如果把供应链风险管理项目部直接交接给某个部门，而不是把项目部的人带入某个部门继续运营，可能会存在工作断层的情况，也许会导致项目部并入后运行效率低下或者无法继续运营的后果。

4. 其他部门（供应链风险管理办公室或供应链风险管理项目办）

在行政部、综合管理部、企管办等部门下面设立供应链风险管理办公室或供应链风险管理项目办来运营供应链风险管理体系，由这些部门作为主管部门统一开展供应链风险管理工作。

设置专职办公室主任一名，专责一名。

好处：有利于风险的集中统一管理和管控。

不足：本部门既管本职工作，也管具体的业务风险，两类业务不同，需要设置专门的人员进行管理。

当然，企业可以根据自己的实际情况，确定将供应链风险管理办公室或供应链风险管理项目办放在相应部门，不限于以上部门。

8.2.2 组织架构、职责分工、工作机制

企业按照"集约、规范、廉洁、高效"的要求，采取统筹推进与分步实施相结合、风险管控与问题整改相结合、体系运营与日常管理相结合及持续改进与管理创新相结合的方式，建立菜单化明责、精细化履责、网格化督责、实绩化考责及倒逼式追责的工作机制，形成事前防范、事中控制和事后反思的 PDCA[①] 闭环管控，切实做到"从工作中来，到工作中去"。

1. 组织构建

为有序推进供应链风险管理体系工作，夯实供应链管理基础，提升供应链业务自身风险的发现和防范能力，我们要成立供应链风险管理体系推进工作机构，具体情况如图 8-1 所示。

2. 职责分工

（1）领导小组职责：接受上级供应链风险管理体系推广应用领导小组的领导，负责供应链风险管理体系推进工作的统一组织和领导，负责研究、解决体系推进过程中的重大问题，负责体系推进过程中的资源保障。

---

① 即 Plan、Do、Check、Act 的首字母缩写。

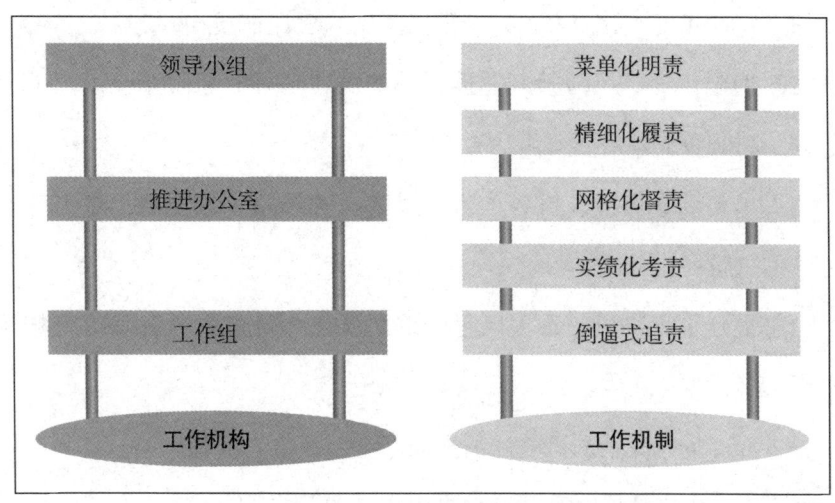

图 8-1 供应链风险管理体系推进工作机构和机制

（2）推进办公室职责：按照上级供应链风险管理体系推进领导小组的要求，负责跟踪、监督和指导供应链风险管理体系的推进与落实情况；负责组织编制和实施体系推进工作方案、计划；负责撰写体系推进工作总结、汇报材料等；负责与上、下级协调、沟通和配合，确保体系工作有序推进，定期通报体系推进情况。

（3）工作组职责：按照领导小组、推进办公室的要求，开展供应链风险管理体系日常工作；负责跟踪、指导本工作组体系的推进与落实情况；负责组织落实体系推进工作方案、计划；负责撰写本工作组推进工作总结、汇报材料和收集体系推进过程中的素材资料等；负责与推进办公室、其他工作组及相应部门的协调、沟通与配合；负责定期报送推进工作中存在的问题与解决措施，确保体系工作任务高质量开展。

不管怎样设置组织，相关人员都需要贯彻以下的职责。

管理者职责如下：

（1）审议年度风险应对计划，审议年度风险评估报告；

（2）确定供应链风险管理总体目标、风险偏好和风险承受度，批准风险管理策略和重大风险管理解决方案；

（3）了解和掌握供应链各项重大风险及其风险管理现状，做出有效控制风险的决策；

（4）批准重大决策、重大风险、重大事件和重要业务流程的判断标准或判断机制；

（5）批准重大决策的风险评估报告；

（6）批准供应链风险管理组织机构的设置及职责方案；

（7）批准风险管理措施，纠正和处理任何组织或个人超越风险管理制度做出的风险性决定行为；

（8）督导公司供应链风险管理文化的培育；

（9）供应链风险管理其他重大事项。

执行者职责如下：

（1）负责供应链风险管理体系基准风险库的建设和年审；

（2）督促制订年度风险应对计划；

（3）负责落实风险应对方案的选择；

（4）负责落实风险应对计划的执行；

（5）负责风险应对计划执行的监督和检查；

（6）负责风险管理线上运营业务的推进；

（7）负责整理线上业务运营的相关数据；

（8）出具相关风险运营报告，供领导者决策参考；

（9）领导交办的其他业务。

各职能部门供应链风险负责人职责如下：

（1）及时发现业务的新风险；

（2）及时对基准风险库进行更新，包括风险评估的各类方法和风险应对措施的更新；

（3）及时对风险应对措施进行建言献策；

（4）主持本部门风险应对方法的审议；

（5）负责起草本部门供应链年度风险报告；

（6）负责监控本部门供应链日常风险及其应对情况；

（7）负责供应链风险管理的有效性评估，研究提出供应链风险管理的改进方案；

（8）负责本部门供应链风险管理信息系统的数据维护和管理；

（9）负责组织协调需要其他部门配合的供应链风险的相关工作。

3. 工作机制

企业建立"菜单化明责、精细化履责、网格化督责、实绩化考责、倒逼式追责"工作机制，各部门务必高度重视，部门负责人要亲力亲为，统筹安排人员与资源，明确责任，层层落实，确保供应链风险体系运营工作的有序推进。具体工作步骤如下。

（1）成立机构，网格督责。企业成立供应链风险推进领导小组，下设推进办公室，按照业务类别和工作相关性，将各个部门划分为三个工作组。企业构建"领导小组+推进办+工作组"的网格化责任体系，落实各级工作职责，研究部署、检查指导供应链风险运营，做好过程管控与监督，确保工作的有序推进。

（2）分层分级，菜单明责。企业对《供应链基准风险库》进行责任划分，形成部门风险管控责任清单和部门问题整改责任清单，进一步明确各部门的责任。

（3）防控整改，精细履责。企业对本部门风险管控责任清单、问题整改责任清单进行责任划分，落实责任到岗位、员工，细化风险防控措施和问题整改措施，形成员工风险防控责任清单和部门问题整改里程碑计划，并实施风险防控和问题整改的措施。

（4）绩效到位，实绩考责。企业加大绩效考核力度，将供应链风险运营作为各部门的年度重点任务，明确制度建设计划完成率、风险出库率和问题销号率等业绩指标，将这些指标纳入经营业绩考核范畴，并定期通报。

（5）结果导向，倒逼追责。在体系运营过程中，各部门、员工应主动思考、积极建言献策，对新增风险和存在问题应及时向推进办、工作组或部门负责人汇报，并提出相应解决措施。未汇报、未及时汇报、未进行风险防控或未进行问题整改等情况若给单位造成影响、损失，企业将对责任部门、责任人进行责任追究。

8.2.3　职能部门内部管理职责设计

每一个职能部门内部，也要对供应链风险管理体系的运行进行职责分工，以配合整个公司供应链风险管理体系的运营。

首先，风险识别、分析与评价工作，需要有人主持进行。其次，风险应对计划和方案需要有人支持进行。再次，年度风险评估报告需要有人主持进行。最后，风险管理体系运营工作与其他部门的协调和沟通需要有人主持进行。

除了上述这些,职能部门内部的职责分工还包括日常对线上数据的统计分析、日常监督管理、会议汇报、参加供应链风险管理的会议等工作,这些都需要有人执行。

各部门应该明确本部门负责供应链风险管理运营的具体人员,并且明确职责和分工。相关人员要各司其职,配合公司供应链风险管理部门做好供应链风险管理体系的运营工作。

8.3 运营与实施方案设计

8.3.1 制定实施方案

企业要制定运营与实施方案，组织召开供应链风险管理体系运营与实施推进会，并宣贯运营与实施方案。

运营与实施方案至少包括以下四部分内容。

（1）运营与实施工作思路、工作机制、组织设计与分工。

（2）主要工作和重点任务分配。重点任务要落实到部门、落实到人，分层分级。

（3）责任分解与责任落实。具体内容如下。

① 责任分解

各单位根据工作需要，可以按照业务相关性、通用性等原则，对供应链业务基准风险库进行责任划分，形成分管领导、部门、员工等各层级的风险管控责任清单，结合年度主要业绩指标、重点工作任务等进一步明确各层级责任。

各部门将每个风险点进行责任分解，落实到本部门各相应岗位、员工，并制定风险防控措施，签订《岗位风险责任书》。

其中，针对不同的风险级别，应该明确相应层级的责任人。可以采取应对层级为上级公司或高等级及以上的风险由公司主要负责人重点关注，中等级及以上风险由分管领导重点关注，部门负责人重点关注低等级及以上风险的方式。

② 责任落实

企业组织实施风险防控工作，按月报送重点工作、重点项目风险防控计划以及风险防控情况、存在问题和整改措施等，定期开展评价工作，同时应该承接上级公司风险专项治理的相关工作。

企业定期进行运营回顾。各部门对供应链风险辨识、风险评估结果及运转效果进行总结，形成部门供应链风险概述报告，为下一年度风险管控工作提供有力依据。

（4）明确汇报、改进和优化的方式方法。相关人员要定期向上级和相关主管部门汇报体系运营情况。

工作汇报应该定期举行，可以是月度、季度和半年度。工作汇报应该包括以下三项内容。

① 工作推进情况。包括会议次数、监督检查的内容、制度建设情况、培训学习情况、风险防控情况、责任落实情况和风险评价情况。

② 明确存在的问题。企业指出具体的问题：包括风险库建设问题、防控措施问题、责任问题及新业务与新风险问题等，运用"五问三见""四分三到""两查一定"及风险分析方法，梳理问题产生的业务环节，对每个环节中问题存在的现状、面临的风险及制度完善情况进行全面分析，提出全面的管控措施。"五问"：凡事先问业务活动有什么廉洁风险，有什么财产

损失风险，有什么合规风险，有什么交付风险及有什么作业风险？"三见"：见人指该问题涉及的岗位；见事指通过分析该业务发生节点的上下游业务链条来分析问题产生的根源；见管理指该问题是否有制度要求？如果有制度要求，制度要求的内容是什么？如果没有制度要求，打算以怎样的方式解决该问题的发生。"四分三到"：分管理层、分业务专业、分风险种类、分风险等级，到部门、到岗位、到相关方。"两查一定"："两查"指业务指导书、作业指导书，"一定"指定标准，聚焦该问题的发生，对制度进行全面梳理，主要解决原制度在执行过程中存在的问题和风险点。

③ 下一步的工作安排。包括工作事项、时间计划和措施方法等。

工作改进和优化的方式方法包括以下三项内容。

① 企业组织供应链风险管理运营评审会，对全年运营情况进行回顾，提出改进意见和建议，对供应链业务基准风险库进行评价，形成下一年度的供应链业务基准风险库，出具本年度供应链风险管理评审报告，报上级公司供应链部备案。

② 企业开展运营效果回顾，持续优化建设成果，编制运营工作指引、安全性评价标准及建设运营100问（专业篇），更新风险防控手册和建设运营指南等。

③ 企业根据实际运营情况，持续优化公司供应链业务基准风险库、风险管控手册和运营指南等建设成果，积极申报管理创新成果。

8.3.2 规章制度建设

供应链风险管理体系的运营和实施离不开制度的建设、补充和更新工作。企业要根据年度《公司供应链基准风险库》应对措施的梳理，形成《公司年度供应链风险管理体系规章制度建设责任清单》，载明具体的制度、流程和表单的名称和数量，在制定年度规章制度建设需求计划时结合具体情况进行整合。

另外，对于上级公司供应链部门层面应完善的制度、流程和表单，企业也要请协同部门同步提出规章制度建设需求。

制度建设工作的推进至少包括以下五个步骤。

1. 确定工作思路

企业按照"四个凡事"的思路和简明化的原则开展规章制度建设工作，切实做到凡事有人负责、凡事有章可循、凡事有据可依和凡事有人监督。

2. 确定制度编制依据

制度编制主要依据《公司供应链基准风险库》和规章制度检查回顾的成果。

3. 对制度分类分级

企业按照业务对制度进行分类，比如，按照公司治理、战略管理、投资管理、基建管理、生产运维、系统运行、市场营销、安全管理、行政办公、人力资源、计划财务、供应链管理、创新管理、数字化管理、外事管理、统计运监、资本运营、法律管理、纪检（监督）、审计内控、企业文化、工会团青和标准化管理进行分类。

企业按照制度使用范围对制度分类：比如，可以分为基本制度、重要制度、一般制度和业务指导书四级。基本制度主要是各业务领域的统领性制度，用于规范业务领域的核心事项和管控策略，具有决定性和方向性，名称通常为管理规定；重要制度是基本制度的下位制度，主要用于规范一级业务内容，具有结构性和稳定性，名称通常为管理办法；一般制度是重要制度的下位制度，主要用于规范二级业务内容，具有灵活性和情境性，名称通常为管理细则；业务指导书主要规范和约束业务事项。

4. 制定制度建设方案

首先是规章制度建设需求计划的制定。规章制度建设需求计划包含需求部门，制度名称，制度编号，制度类别，制度级别，建设需求类别（在用、新增、修订或废止）、目的和必要性说明，主要内容，进度安排，培训计划，拟公布时间等内容。各部门完成年度规章制度建设需求计划编制后，要将其报送至制度建设的负责部门。

其次，负责部门汇总整理各部门报送的需求计划，组织会议讨论和收集制度建设意见与建议。

最后，各部门按照会议要求完善规章制度建设需求计划，制度建设部门制定《公司年度规章制度建设计划》和编制《公司年度规章制度建设方案》。这两份内容经领导审核通过后下发。

5. 制定细化的方案实施步骤

（1）制订制度建设计划

企业在对年度在用制度、修编制度、新增制度和废止制度进行统计分析的基础上，把需要制定的制度分列到公司治理、战略管理、安全管理、创新管理、党的建设、供应链管理、行政办公、计划财务、纪检（监督）及人力资源和数字化等制度类别上，然后分别在对应的基本制度、重要制度、一般制度和业务指导书四个制度级别下进行统一编号，并制定具体的编写完成计划：包括完成责任人、完成时间等。

（2）明确制度编制要求

企业明确各部门修编和新增制度需要参照的标准和遵守的要求，明确规章制度结构：包括总则、管理内容与方法、罚则、附则和附录等。

制度通常仅保留管理性要求，术语和职责作为制度附录，流程性条款通过业务指导书承接细化，规章制度应当文字简明，删除不必要的说明性、论证性和原则性语句，不照搬照抄国家法律法规条款。

基本制度正文内容一般不得超过 5 000 字，重要制度一般不得超过 4 000 字，一般制度一般不得超过 3 000 字，业务指导书一般不得超过 2 000 字。每个制度均须附《制度信息表》，以便于制度的使用和下一个年度的修编。

（3）给出制度评价审核方法

各部门完成修编和新增制度后，要分别按照部门自评、专业审查（含分管领导）、法律审查和会议审批等步骤安排完成年度制度评价工作。

部门自评。制度起草部门应当做好自评工作，从制度结构、业务流程和培训计划等方面开展评价，形成《规章制度自评表》，将其作为制度附件。

专业审查（含分管领导）。各部门按照制度的专业性、覆盖面等内容，确定是否需要进行跨部门专业审查。无须跨部门审查的制度，各部门自行组织专业审查，经分管领导审核通过后，形成《规章制度审查表》；须跨部门审查的制度，各部门将修编和新增的制度报送至制度编制负责部门，由负责部门统一组织跨部门审查，形成《规章制度审查表》。

法律审查。修编和新增制度需经过法律审查，其中相关人员要对基本制度出具《法律意见书》，对其他制度出具法律审查意见。法律审查由制度编制负责部门统一组织，各部门按照审查意见和建议完善相关制度。

会议审批及其他。按照以上步骤通过审核的制度，各部门按照《公司治理主体权责清单和授权清单》和《公司规章制度管理办法》的规定进行审批，审批通过的制度由各部门走行文流程，并负责组织制度培训宣贯工作，限期完成。

（4）定期更新

制度建设是一项长期和持续改进的重要工作。各部门可根据一级公司、二级公司的新规定，结合本单位实际工作需要，定期（每季度）提出规章制度建设需求计划。制度编制负责部门可统筹安排制度建设工作，组建和定期更新制度库，使制度共享渠道变得畅通。

第 9 章

风险管理体系运营培训

9.1 培训活动设计

供应链风险管理体系运营培训是指企业为了保证供应链风险管理体系的良好运作,对特定人员进行有目标、有计划和持续的培训的过程。供应链风险管理体系运营培训通常由业务部门发起,由人力资源部门(公司对应部门为人力资源部)审核并纳入企业年度培训计划,由供应链风险管理部门负责具体的课程设计等工作。

9.1.1 课程设计

供应链风险管理体系运营培训课程的设计应遵循实用性、针对性、操作性和系统性原则。供应链风险管理部门要根据这些原则进行具体的课程设计。具体设计过程需要注意以下几个关键点。

1. 控制立项

人力资源部以公司培训课程目录系统为指导,制订供应链风险管理体系运营培训课程设计工作计划,将课程设计工作计划列入公司年度培训建设计划中。

列入年度计划的课程设计项目应明确课程名称、培训对象、培训目标、课程主要内容、开发周期和项目责任人等内容，有了这些内容公司方可立项。而公司已有课程的教材（讲义）、教学大纲和习题集等完整文档资料不属于课程设计范畴，公司不予立项。

2. 实施培训课程设计项目

课程设计项目立项后，由人力资源部下达《课程设计项目任务书》，确定课程设计项目的负责人。项目责任人拟订《课程设计项目实施计划表》，该计划应包括项目参与人、教材（讲义）方案、主要教学方式、工作安排、完成时间和项目相关经费预算等内容，这些内容经人力资源部组织审核通过后生效。对于重大课程设计项目，项目责任人可以组建项目小组开展后续工作。

3. 选择培训课程内容

课程内容的选择要与供应链业务活动相关，反映供应链业务需求，并适应公司业务的发展趋势；要既能满足学员的兴趣，又能反映培训的需求。

课程类型可适当多样化一点，将学科课程、活动课程、核心课程和模块课程有机结合，以提高学员学习的兴趣和动力，从而达到培训效果。

课程内容必须包含课程大纲、培训师手册等内容，确定后的课程大纲、培训师手册需交人力资源部审核批准后才可作为培训教材使用。

4. 评估培训课程设计项目难度系数

课程设计项目的难度系数要从工作量、创新性、开创性、课程内容深浅程度和开发质量等因素方面进行评估。具体的难度系数，由项目成果评审会评委评估，填写《课程设计项目难度系数评估表》。

5. 选择培训课程设计方式

一般来说，由公司根据培训目的和要求组织设计课程。但当各部门设计的课程无法达到要求，或自主设计成本太高、周期太长时，公司也可考虑通过人力资源部引进或委托相关机构进行培训课程设计。

6. 设计培训课程大纲

课程大纲的主要内容需包括课程任务、教学目的和要求、教学方法与手段、课程内容、教学重点和难点、教学设施和教具、实验实习安排及学时分配等。

9.1.2 课程开发

供应链风险管理体系运营培训课程的开发是一个系统性的工程，需要企业抽调专业人员组成课程开发团队，在各个环节进行精心控制，才能保证课程开发的有效性与针对性，提升课程开发的质量，并最终保证培训的质量。

具体开发过程需要注意以下几个关键的控制点。

1. 界定培训课程目标、目的

人力资源部要深入与风险管理部门及员工沟通，明确供应链风险管理体系运营培训课程目标,为培训课程对象、范围、目标和内容的确定打下扎实基础。

2. 确定培训课程体系框架

(1)课程开发人员要确定培训课程体系框架,包括选择培训场地、课程安排、课程单元划分和课程费用核算。

(2)课程开发人员在完成整体课程设计后,要明确每个课程单元的授课材料、授课方法和授课内容。

(3)课程开发人员要明确培训课程体系框架的评价与修订。课程开发人员可以结合岗位职责、岗位能力需求,将能力模块转化为具体课程,及时对整体设计、课程目标和单元设计进行修订和评价。

3. 构建培训课程体系

课程开发团队对各类课程进行整合后,要开始构建课程体系。课程体系既要包括供应链风险管理的一般内容,也要体现公司供应链风险管理的特色。

4. 培训课程开发评价

人力资源部对课程开发的全过程进行判断和总结,确定培训课程开发的预期目标是否实现,评价培训课程开发的一致性、系统性、技能性和针对性效果,并调查参与培训的员工对培训课程的满意度。

5. 必须开发的两门课程

首先是全员供应链风险管理普及性课程:《供应链风险管理基础知识》,

这门课程的内容应该包括：

（1）供应链管理概述；

（2）供应链风险管理概述；

（3）供应链风险识别；

（4）供应链风险分析；

（5）供应链风险评价；

（6）供应链风险处理与管理对策；

（7）供应链风险监控与反馈。

其次是供应链风险管理运营课程《供应链风险管理体系运营》，这门课程的内容应该包括：

（1）认识运营体系；

（2）基准风险库建设；

（3）风险应对及实施计划；

（4）运营体系组织设计；

（5）运营体系培训设计；

（6）运营方案设计；

（7）线上运营管理；

（8）运营监督、跟踪与运营体系评估；

（9）供应链风险管理文化建设。

9.2 培训活动运营

9.2.1 培训方式创新

为了合理传授培训内容，增强培训效果，风险管理部门和人力资源部应根据培训课程的特点和要求，选择确定不同的培训方式。

常见的培训方式如表 9-1 所示。

表 9-1 常见的培训方式

培训方式	介绍
面授培训	• 即在一定的时间和地点，培训师面对面地向学员传授知识，培养其技能的培训方式； • 优点为传授知识快，知识全面、系统，成本低，操作简单； • 缺点为培训形式单调，缺乏对学员的吸引力，实际操作性差； • 适用于风险基础知识培训、风险文化培训和理论性较强的专业知识培训等
导师制培训	• 通过安排主管、技术骨干为辅导老师，以传帮带的形式对学员进行培训教育； • 优点为培训成本低、针对性强，在提高学员技能的同时还可锻炼老员工的人员管理能力； • 缺点为培训系统性差，对辅导老师的要求较高，可能会影响老员工的正常工作； • 适用于对具体工作任务的培训，适合对内训师的选拔和训练

（续表）

培训方式	介绍
拓展训练	• 即通过实地体验和现场虚拟的形式，让学员应对挑战、解决问题，并借此锻炼其风险意识、风险思维； • 优点为互动性强，使人印象深刻，能有效影响学员的意识和行为； • 缺点为培训成本高，对培训师和场地的要求较高； • 适用于对团队风险意识的培训，对团队中风险意识薄弱、思维僵化的员工尤为有效
沙盘模拟	• 即在培训师的组织下，以沙盘模拟操作的方式，将理论知识和操作技能紧密结合在一起的培训方式； • 优点为学员参与性强，可充分调动学员的主观能动性，提高其动手能力； • 缺点为对场地、设施和培训师的要求较大，培训实施难度大； • 适用于研发运行、研发过程管理等经营类的部门风险培训
参观学习	• 通过组织学员参观企业内部或外部的风险管理先进工作单位，考察其工作流程，学习其管理理念，从而提高自身工作能力和绩效水平； • 优点为有利于开拓学员视野，有利于引进先进的工作理念和方法； • 缺点为成本较高，培训质量难以保证； • 适用于对先进管理方式和工作理念的学习
网络学习	• 即通过网络等数字化方法，组织和鼓励学员进行在线学习的培训方式； • 优点为不受时间、地点和学员人数的限制，便于培训考核和统计； • 缺点为难度大，投入成本高，难以形成学习氛围； • 适用于学员数量较多，且偏重于理论知识的内容培训

随着新业务、新技术的发展，培训方式将进一步增多，风险管理部门和人力资源部要注意创新培训方式，激发受训员工的兴趣，提升培训效果。

9.2.2 课堂模式创新

为提升供应链风险管理体系运营的培训效能，风险管理部门和人力资源部要注意培训课堂的管理，不断创新课堂模式，如互动式培训、分享机

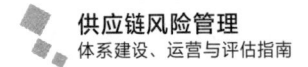

制、班委自主管理机制、荣誉机制、评价机制等,增加培训师和受训员工间的沟通交流,活跃课堂气氛,引发学员兴趣,进而提升培训效果。

9.2.3　培训成果转化机制设计

企业的任何培训若要实现其成果的转化,都应建立起有效的培训成果转化机制,并且应得到企业管理层多个方面的支持。

供应链风险管理体系运营的相关培训,要想达到理想的效果,必须在成果转化机制方面进行设计,设法激励员工的积极性,通过建立成果导向、行动导向将员工的学习从单纯的内容学习转变为培训后的实际行动,引导成果落地。

设计具体机制时,要注意以下几个要点。

1. 营造成果导向的培训氛围

从某种程度上,培训的结束才是开始,因为培训是否能够产生预期的效果,要看接受培训的员工本身的行动及行动的后果。如果员工在培训之后,没有针对特定的业务做出持续性的行动,那么预期的培训效果就很难产生。

所以,公司的高级管理层、风险管理部门及培训师要在公司内部营造一种成果导向和行动导向的培训成果转化氛围,同时这也是企业风险文化建设的重要组成部分。

培训成果转化氛围对人具有潜移默化的影响,包括受训员工周围各种各样的、能够促进培训知识技能应用或行为方式实施的工作环境。培训师要尤其注意培训课堂上的现场引导和示范，通过案例、实操等方式建立这种氛围，激励员工的行动意识、转化意识。

2. 建立行动计划机制

企业要建立这样一种培训机制：针对培训的内容，员工根据自己的工作岗位，制定至少一项以提高、改进当前工作绩效为目标的行动计划。该行动计划可以作为公司培训评估的一个组成部分，参与考核、备案。

培训行动计划设计如表 9-2 所示。

表 9-2 培训行动计划设计

相关要素	说明
员工姓名	
所在部门	
所在岗位	
参加培训	
培训内容要点	
结合部门、岗位和培训内容的业务改进行动计划	• 行动计划 1： • 行动计划 2：
行动目标	
行动成果评估（人力资源部填写）	

3. 提供支持

在营造良好的培训效果转化氛围、建立行动计划机制的基础上，企业各管理层级或部门还可以采取以下措施为培训成果转化提供支持。

（1）风险管理部门应鼓励受训员工使用培训中获得的新的知识技能和行为方式，并为他们设立相应的评估目标。

（2）风险管理部门应为受训员工在工作中应用新知识技能或采取新行为提供时间和机会。

（3）如有必要企业可调整受训员工的工作，使其工作特点能够督促或提醒他应用在培训中获得的新的知识技能。

（4）受训员工的直接主管应关注并反馈那些运用培训中获得的知识技能后所取得的工作结果，从而激发员工的成果转化热情。

（5）企业鼓励工作团队中的每一位成员在培训内容对工作有所助益的情况下，通过提供学员反馈和分享培训经验的方式来共同运用新技术、技能。

（6）企业要定期对培训学员开展培训成果运用的考核，并将考核结果记入工作绩效。

9.3 内训机制

9.3.1 内训师选拔

内部培训师选拔是指各部门按照相关规定推荐优秀员工担任培训师,人力资源部负责对各部门推荐的培训师进行资格审核、评选、确定和任命等。在这个过程中,所有人员均应秉持公平、公正和公开的原则。

在具体执行过程中,内训师的选拔需要清楚界定两个标准(内训师推荐标准、内训师选拔标准)和一个流程(内训师推荐流程)。

1. 内训师推荐标准

凡公司现任员工,在供应链管理、业务和专业知识等方面具有较为丰富的经验或特长,工作业绩突出,同时有较强的语言表达能力和语言感染力的人员,均可列入内训师推荐范畴,具体的推荐标准如表 9-3 所示。

表 9-3 内训师推荐标准

推荐标准	标准细化内容
工作年限标准	• 各部门推荐的培训师为公司正式员工; • 各部门推荐的培训师在培训相关领域的工作岗位上工作一年以上

（续表）

推荐标准	标准细化内容
业务能力标准	• 各部门推荐的培训师在专业知识、业务管理和管理等方面具备丰富经验； • 各部门推荐的培训师具有较强的语言感染力和语言表达能力； • 各部门推荐的培训师具备良好的团队精神和敬业精神； • 各部门推荐的培训师的工作业绩突出； • 各部门推荐的培训师能够熟练掌握现代培训工具
其他标准	• 各部门推荐的培训师在工作岗位上未出现过严重的责任事故； • 各部门推荐的培训师需得到部门80%以上员工的同意
学历标准	各部门推荐的培训师具有供应链管理或其他管理学相关专业的本科及以上学历

2. 内训师推荐流程

内训师推荐工作主要包括公司部门评选和人力资源部评审两大步骤，具体操作说明如表9-4所示，仅供参考。

表9-4 内训师推荐流程

推荐流程	流程操作细化说明
公司部门评选	• 部门经理填写"培训师推荐表"，详细填写推荐人的基本情况、工作业绩和推荐理由； • 部门经理组织部门员工对候选人进行表决，表决通过后向人力资源部提交推荐材料
人力资源部评审	• 人力资源部收到推荐材料后，结合推荐部门的申报水平、公司培训需求等情况，初步确定候选人名单； • 人力资源部对候选人进行资格审查、试讲考察和考察评审等，确定候选人的综合得分，并根据得分情况进一步确定候选人名单； • 人力资源部将候选人名单上报人力资源部经理审批，候选人经审批通过后，企业为其办理培训师聘用手续

3. 内训师选拔标准

事先制定出科学、完善且合理的内训师选拔标准有助于选拔出具有较高素质的培训师，保证实现培训目标。培训师的选拔标准主要包括以下十个要点。

（1）对培训工作有浓厚的兴趣。

（2）具有一定的实践经验。

（3）心态积极、向上。

（4）具有较强的表达能力。

（5）具备扎实的专业知识。

（6）具有较高的职业素质和业务能力。

（7）具有自信、幽默的性格特征。

（8）具备良好的职业道德。

（9）具有良好的身体素质。

（10）具有以参训人员为中心的服务理念。

9.3.2 内训机制设计

内训机制设计的最终目的是为了使培训发挥出最大的效用。对于公司而言，对供应链风险管理体系运营实施培训是公司实现供应链高效管理的途径，可以有效提高公司核心竞争力，促进公司战略目标的实现。

对于员工而言，培训能够增强员工的风险意识，提高员工的综合素质，使员工掌握更多的供应链风险管理的工作技能和工作方法，进而提高工作绩效。

因此，公司应针对自身性质，设计适合供应链风险管理体系运营的内训机制，并逐步建立起供应链风险管理体系运营的培训体系。内训机制设

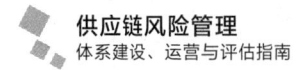

计主要包括以下三个要点。

1. 内训机制设计的内容构成

内训机制的内容通常包括九个方面：内训组织管理、内训师资管理、内训需求分析、内训预算管理、内训课程设计与开发、内训实施、内训效果评估、内训行政支持及内训制度规范保证。具体包括以下内容。

（1）内训组织管理：供应链风险管理部门和人力资源部。

（2）内训师资管理：建立师资选拔、培训和奖励制度。

（3）内训需求管理：对供应链风险管理培训需求进行调查分析。

（4）内训预算管理：制订年度培训学习预算执行计划。

（5）内训课程设计与开发：课程体系设计与课程开发。

（6）内训实施：按照年度计划和预算进行执行和实施。

（7）内训效果评估：对每次培训的效果开展学员反馈，对不足之处进行改进。

（8）内训行政支持：教学场地、课程服务等相关支持。

（9）内训制度规范保证：学员、讲师和培训相关规范。

2. 内训机制设计应遵循的程序

人力资源部在明确内训机制设计的内容和原则后，应按照科学、完善的程序设计内训机制，如表9-5所示。

表 9-5　内训机制设计应遵循的程序说明表

程序	说明
风险管理诊断	人力资源部在进行风险管理诊断时，应诊断以下五方面内容： • 公司供应链业务发展的机遇与挑战； • 公司外部风险分析：包括社会环境、国家政策和人才市场等方面的风险； • 公司供应链管理战略与培训目标诊断分析； • 公司内训体系现状与误区：了解公司内训体系的建设现状、与公司发展需求的匹配度
企业资源优势分析	• 资源：包括培训师资源、资金资源； • 外部资源：包括能够为公司培训体系建设提供课程开发、优秀培训师的机构； • 硬件资源：包括内训操作系统、培训场地和培训设备； • 软件资源：包括公司培训文化、公司对培训的重视度
内训体系框架设计	• 搭建内训体系：包括内训管理体系、内训课程体系和内训实施体系； • 基于胜任力的内训体系优化：包括胜任力模型设计、培训课程设计和培训实施
内训费用预算与管理	• 内训费用预算：包括编制公司内训预算、编制部门内训预算； • 内训费用核算：包括利用会计方法计算内训成本、利用资源需求模型计算内训费用； • 内训费用审核：人力资源部秉持"低花费、高产出"的原则，对内训费用的合理性进行审查

3. 内训师奖励计划

为了鼓励内部讲师，企业应该制订适当的积分或者奖励计划。例如，讲一次课相当于多少学习积分或者给予多少讲课费用。

对优秀的内部讲师，企业要进行年度评比和评价，依据每次课后学员的打分评价，让高分者胜出，同时可以制定一个均分制度，按照授课平均得分进行年度优秀讲师的评选。

企业对于能走出去授课的老师，应该加大奖励力度；对于优秀的课程，应该在总公司层面上推荐；对于优秀的内训师，也应该推荐到总公司的内训师库中。

总之,企业要通过各种激励和奖励措施,让内训师能够愿意讲课,愿意开发课程,愿意对供应链风险管理体系运营的培训贡献自己的力量,体现自己的价值,从而使得供应链风险管理体系能够快速被大家所熟悉和应用。

第 10 章

风险管理体系运营信息系统

10.1　线上运营管理

公司供应链风险管理部门和相关人员应该深入参与线上运营，从开始的设计到后面的运营，都应该积极给一级公司和二级公司提出建设和设计的意见，以便后面的线上运营顺利开展。

线上运营要考虑到和其他管理体系、合规体系、内控体系、招标系统、资产系统和人资系统的融合，以及和财务系统的数据交换。

线上系统从开始设计就要考虑到数据收集、分析和应用，以及未来大数据的应用，要留意智能提醒、自动报警、自动分析、自动报错、自动比对和自动绘图等功能的使用，这主要是考虑到未来如何让数据在风险管理中发挥越来越大的作用。

系统的融合不是完全的融合，比如，线上系统和财务系统是不可能完全融合的，但是数据是可以调用的，数据模块也是可以调用的，数据是可以合在一起分析和应用的。

还有，供应链风险管理系统本身应该可以提供风险测量、风险等级自动评估、责任考核、事项提醒、数据一键导入和导出等功能，以便我们通过线上运营更好地管控供应链风险。

10.1.1　录入管理

录入管理的设计应该考虑一键式。因为每年的数据都需要更新，数据也需要时时变动，所以需要录入的数据，包括风险名称、风险点、风险评估方法和风险评级应该都能够一键导入，也可以一键导出进行修改后再次导入。

录入管理过程中，要注意以下几个关键的控制点。

1. 录入信息的内容

线上系统的信息录入是基于供应链业务基准风险库的。平时的改动也应该首先改动线下基准风险库，线下基准风险库修改确定后，再修改线上系统；或者以线上系统为主，由相关人员定期导出线上系统的数据，更新线下基准风险库，这两种做法都可以。供应链业务基准风险库被导入后，我们还需要录入的内容包括：

（1）供应链业务基准风险库已经对应了业务、部门和岗位，但还没有对应具体的人，这个信息是需要录入的；

（2）供应链业务基准风险库已经有了从一级公司、二级公司到三级公司的应对层级，但是权限信息还需要录入；

（3）流程信息需要录入，就是每个节点从哪里到哪里，这个信息还需要录入；

（4）每个操作人员的权限信息也要录入；

（5）时间、日期等提醒信息需要提前设计和录入；

（6）备注、说明类信息需要录入。

2. 录入信息的来源

录入信息一般来源于以下六个渠道。

（1）来自现有业务的信息。

（2）来自法律法规的信息。

（3）来自策略、方案和模板的信息。

（4）来自组织结构变动的信息。

（5）来自公司相关部门的其他信息。

（6）来自规章制度和工作要求变化的信息。

3. 信息收集的方法

常用的信息收集方法包括以下四种。

（1）网络收集法，企业通过直接访问与本公司采购有密切联系的供应商网站、竞争对手网站、采购专业网站和各类电子商务网站进行信息收集。

（2）媒体收集法，企业通过政府、行业协会等网站关注和供应链有关的法律、法规、规定和制度的变化。

（3）调查收集法，企业通过调研同行、研讨和学习等方式收集风险信息。

（4）内部报告法，公司内部相关人员按规定的流程、标准、模板和规范定期上报风险信息。

4. 注意事项

信息管理人员应严格控制信息收集的实施过程，在收集过程中如发现方案设计有不妥之处，要及时修改，以免得出错误的结论。在录入系统前，

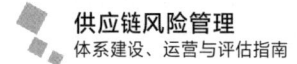

信息管理人员要注意对收集到的资料进行分类、分档，做好资料的保密工作。

企业应该同时变动供应链业务基准风险库和线上数据，或者直接下载线上数据、更新供应链业务基准风险库，以确保两者的同步和统一。未来，企业通过相关技术，可以慢慢取消线下基准风险库，把供应链业务基准风险库直接线上化。

在进行线上运营时，线上系统最好能有一个总体的结构设计、流程设计和模拟设计，完成后再修改不仅费时费力，而且不好用。一般来说，线上系统推出后，如果业务没有什么大的变化，大的改动需要 1～2 年方可进行一次，不宜频繁进行。频繁改动不仅不现实，而且需要重新培训相关人员，使其重新熟悉系统，这既不经济也不精益。

10.1.2 权限管理

企业对进入供应链风险管理体系运营信息系统的信息进行权限管理是非常重要的。要注意以下四个方面。

（1）权限划分的原则：按照业务流程划分。

（2）权限的系统分配：按照角色进行分配。

（3）权限的动态管理：按照变化动态管理。

（4）权限的监管：对权限的监督管理。

10.1.3 提醒管理

对于供应链风险管理中出现的时间、时限、先后顺序、遗忘事项、审批提醒、催促办理、超过上限、低于下限、规定时间的规定动作等内容，企业要通过技术手段在线上运营信息系统中设置自动提醒功能，避免风险的发生，提高效率。

设置提醒功能需要事先进行设计和梳理。要注意以下几个关键点。

1. 要做好与风险管理部门及技术部门的沟通

正常情况下，要想在系统中实现提醒功能，需要风险管理部门提出需求，技术部门进行响应，技术人员综合评定实现的难度，然后综合实施开发，相关功能经过试运营之后上线，最终达到预期的效果。这个过程涉及多部门的协作，需要相关人员进行深入、持续且准确的沟通。

对于提醒需求，企业需要有一个统计表，并按照不同的提醒类型进行分类，然后根据不同的业务流程和管理权限进行提醒点分配。这是一个庞大的系统工程，因此要求提醒需求表必须结构清晰、流向清晰且提醒点清晰。

2. 做好与供应链业务基准风险库的对接

公司供应链业务基准风险库的应对措施已经明确了很多风险处理需要增加系统提醒功能。系统提醒功能不仅仅是提醒，更是一种管理方式和提升工作效率的方式。在供应链业务基准风险库中，凡是与时间、时限及控制有关的风险，都可以采用设置提醒的方式来规避因为疏忽、遗忘或拖延而产生的风险。

3. 提醒内容设计要全面

提醒内容设计包括内容的设计、提醒的范围（人员范围、业务范围）、提醒时间的设计（提前多长时间提醒）、提醒方式的设计（短信、邮件、微信和办公自动化等）及提醒程度的设计（紧急提醒、最后提醒和善意提醒）等。

10.1.4 报警管理

在拥有准确、及时的风险管理信息的前提下，风险管理部门还可以联合技术部门对风险实施预警管理。

通常，风险管理部门应对某个风险事件的发生概率及相应的损失进行估算和排序，并制定相应的应急预案。在对风险进行定量评估的基础上，企业应设置风险管控目标、风险控制指标及风险预警点，当风险管控指标达到预警点时，供应链风险管理体系运营信息系统要及时做出报警处理，发出相应的风险信号，提醒相关责任人员进行处理、管控或补救。

报警和提醒不一样。报警表明风险马上就要发生了，要立即采取措施进行风险控制，以免风险继续扩大。从某种程度上讲，报警是风险即将来临的前兆。通过事先设定的条件和大数据的应用，企业可以通过报警的方式来控制风险的发生，这是未来进行线上风险管控的主要方式之一。

在具体执行过程中，要注意以下几个关键的控制点。

1. 风险警报级别设定

通过对供应链风险进行分析评估，企业可以根据其性质、严重程度和影响范围等因素，把供应链风险警报分为三级，即黄色、橙色和红色警报。

（1）黄色警报。当系统把发现的供应链风险等级确定为中风险时，应发出黄色警报。

（2）橙色警报。当系统把发现的供应链风险等级确定为高风险时，应发出橙色警报。

（3）红色警报。当系统把发现的供应链风险等级确定为重大风险时，应发出红色警报。

2. 供应链风险警报系统的建立与维护

供应链风险管理负责人负责组织建立供应链风险预警系统。供应链风险预警系统主要包括三个子系统，即风险识别子系统、风险评价子系统和风险预警子系统。

供应链风险管理负责人还要组织构建评价指标体系，并对指标类别加以分析处理，再依据预警模型，对评价指标体系进行综合评判，最终依据评判结果设置预警区间，并制定相应的处理对策。

在供应链风险预警系统建立后，供应链风险管理体系运营信息系统管理专员负责进行维护和管理，对系统的运行情况进行监测、检查，在收到预警信号时，及时上报相关部门，召开应对会议并进行及时处理。

10.2　调整改进管理

10.2.1　调整管理

供应链风险管理人员、运营信息系统管理人员和运营信息系统使用人员在日常操作中如发现问题或需要改善的地方，需要提交由本部门经理审批的系统改善需求，并交给一级公司或者二级公司的技术支持部门处理。

一般情况下，运营信息系统的问题可分为两类，具体如表 10-1 所示。

表 10-1　运营信息系统的问题分类

问题种类	问题含义
系统本身问题	• 运营信息系统与公司现有系统（包括公司防火墙）的整合问题，不能兼容； • 系统数据容量问题，可能影响系统数据的存储、备份和输出； • 系统运算逻辑问题，运行结果与实际结果有差异； • 系统设计的程序不能满足实际业务操作的需求，但因系统局限性无法进行二次开发或开发费用过高； • 系统有漏洞，可能引发系统瘫痪

（续表）

问题种类	问题含义
业务操作的问题	• 系统操作比实际业务操作复杂，需增加岗位或人员，导致管理费用或维护费用过高； • 各职能部门之间缺乏合作，造成数据错误； • 操作人员缺乏规范、完整的培训，系统操作不熟练导致数据错误； • 操作人员因不熟悉系统或实际业务操作，导致系统数据参数设置错误； • 缺乏运营信息系统管理的复合型人才，导致无法全面地协调和管理整个系统的运行； • 人员变动频繁，关键操作或实施人员流失，导致系统操作流程阻塞； • 系统测试和试运行不充分，急于投入使用，相关人员未充分发现问题

需求上报人员应配合运营信息系统管理人员的调查、确认及测试工作，在技术支持部对系统调整、调试完成后，应先进行试运行，并记录运行状况。调整后的系统经相关人员确认之后，由相关人员签字验收，并由运营信息系统管理人员更新运营信息系统操作标准。

10.2.2 完善管理

运营信息系统不是一成不变的，有时会出现一系列问题。因此，公司需要适时地组织供应链风险管理人员对系统进行功能完善。

关于系统的完善，企业要坚持"废、改、立"的原则，对实践证明的行之有效的设计、内容和模块，要继续认真执行；对操作性不强或不完善的设计、内容和模块，要总结经验教训，认真修改并抓好落实；对不符合公司风险管控战略、业务方向的风险管控要素，要结合实际情况进行调整或废止。

运营信息系统的完善管理要注意把握以下几个原则。

（1）要贴近公司新的机构运行与风险管理方面的要求。

（2）要发挥供应链风险管理部门的主动性和系统使用部门的能动性。

（3）要强化各项工作的管理责任要求。

（4）要注意到组织结构变化和业务变化对系统的影响。

（5）要注意技术更新带来的新变化。

（6）要充分关注试运营阶段大家的意见。

（7）要始终以数据为中心，以技术为依托，以自动化为诉求，提升系统运营质量。

10.2.3　更新管理

为保证运营信息系统的准确、及时和有效性，风险管理机构及技术部门应定期对运营信息系统进行评估，确定其是否需要升级、更新和迭代。

运营信息系统的升级更新要按照公司规定的流程与标准执行。对于每次的更新内容，系统管理人员应做好记录。每次运营信息系统功能更新之后，系统管理人员应及时向相关的使用部门发布通知。

在系统更新时，对于需要二级公司和一级公司协助配合的工作，系统管理人员要提前写好需求，协调好相关部门，提前做好更新计划。

10.2.4　协同管理

通过前面的描述，我们可以看出供应链风险管理体系运营信息系统从立项、调研、选择、开发、安装、调试、维护及后续的完善都需要多个部门的协同。因此，可以说运营信息系统的管理过程就是一个多部门、多岗位、多人员的协同管理过程。

为了保证运营信息系统的适时调整改进，风险管理部门要加强协同管理的力度，建立与技术部门及相关的供应链业务部门的沟通机制，定期对运营信息系统进行评估、改进，努力发挥协同促进效应，充分利用大数据技术，从而提升公司的供应链风险管理效能。

//
第 11 章

风险管理体系跟踪、监督与动态管理

11.1 风险管理的跟踪管理

11.1.1 应对措施实施计划跟踪

在供应链风险管理体系的运营过程中，企业对应对措施实施计划进行全面的跟踪管理很有必要，这直接关系到风险应对的效果。

风险管理部要对实施计划的进度、投入、效果、运作和收益等情况进行全面的跟踪和评价，并定期向董事会、总经理、风险管理委员会和相关人员进行报告。具体注意事项如下。

1. 过程中的跟踪事项

在应对措施实施计划执行过程中，具体需跟踪管理的事项如表 11-1 所示。

表 11-1 应对措施实施计划跟踪单

跟踪事项	事项状态
部门名称	
岗位名称	

（续表）

跟踪事项	事项状态
员工姓名	
时间	
风险点	
风险点描述	
风险等级	
风险应对措施	
应对措施实施计划及目标	
当前执行情况描述	
执行差异	
差异原因分析	
改进建议	

风险应对措施实施计划跟踪单一式两份，一份自存，一份送交相关部门存档备查，由部门负责人及以上人员填写完成后签字，提交上级管理人员审核签字后存档。其中，"当前执行情况描述"可采用模板化的方式进行描述：已经做了什么，取得了什么，改善了什么，减轻了什么，规避了什么，转移了什么。描述语言统一用一种句式描述，尽可能减少对风险应对所取得成果理解方面的歧义。

2. 实施计划中止或结束时的跟踪

在应对措施实施计划中止或结束时，计划执行负责人及相应机构应及时总结清理相关内容，并将其提交公司风险管理部汇总整理，相关内容经公司统一审定后责成有关部门办理相关清理手续。

同时，公司风险管理部、人力资源部联合对应对措施实施计划参与人员进行考核，并根据考核结果进行奖惩。档案管理部门应对有关资料进行整理归档，并予以妥善保存。

3. 及时解决相关问题

在跟踪和检查应对措施实施计划进展的过程中，若发生目标执行进程落后、发生困难或出现明显差异时，相关负责人要根据该项问题的严重程度与影响大小，及时酌情处理。常见问题如下。

（1）个别问题

若出现的问题属于个别问题，对风险应对总体目标和部门目标的完成不会产生较大影响，则由目标执行人直接和主管商定解决，并将处理意见及处理情况上报。

（2）影响重大的问题

若出现的问题直接影响企业总体风险管理目标或部门目标的完成，则由直接主管协调有关部门商定解决或上报公司工作会议、部门工作会议协商解决问题，并做好相关记录。

（3）无法执行的问题

因为客观环境因素影响而使应对措施执行发生困难、无法解决时，可由计划执行人提出修订计划申请书，经上级主管核准后，对计划跟踪单进行修改。

（4）人员调动、离职等情况

因人员调动、离职等情况导致计划及目标不能顺利完成时，相应计划及目标应由部门主管重新分配和调整，寻找继任人员继续进行计划及目标的执行，以保证风险管控目标的顺利完成。

11.1.2　各部门、各应对层级信息沟通跟踪

供应链风险管理是一个综合性的系统工程，尤其是一些涉及多层级、多部门管理的风险点，需要各个层级、各个部门之间的持续有效沟通，企业才能将风险应对措施落实到位。所以，企业对各应对层级、各部门信息沟通的跟踪在供应链风险管控过程中是重要的控制事项。

在具体的风险管控过程中，风险管理人员可以建立不同部门、不同层级的信息沟通跟踪表以实现对信息沟通的跟踪管理，具体如表11-2所示。

表 11-2　信息沟通跟踪表

待沟通部门				
联络人	姓名	直线座机	手机	邮箱
沟通事项				
第一次沟通	沟通方式	沟通时间	沟通结果	

（续表）

第二次沟通	沟通方式	沟通时间	沟通结果
第三次沟通	沟通方式	沟通时间	沟通结果
沟通最终结果			

我们也可以将这个表直接嵌入线上系统，由沟通人员及时填写进程和沟通情况，并及时反馈给相关人员进行处理。

11.1.3　供应链年度重大风险应对

供应链年度重大风险（以下简称"年度重大风险"）应对是供应链风险跟踪管理（以下简称"风险跟踪管理"）的重要组成部分。企业应当在供应链风险管理体系运营过程中建立年度重大风险应对机制，从各个层级、各个部门和各个业务方面对重大风险进行管控，以防止年度重大风险事件对供应链业务产生不可预测的影响。

风险管理部和风险管理人员在年度重大风险应对过程中要注意以下几个关键的控制点。

1. 明确界定年度重大风险

风险管理中的年度重大风险是指该年度发生的能够对供应链业务目标实现产生重大不确定性影响的各类事件，通常包括公司重大决策事项、重要人事任免事项、重大项目安排事项等。

2. 制定年度重大风险预案

凡涉及公司年度重大风险的事项，必须由公司高层领导集体做出决定，提前制定相应的风险预案，下发给相关职能部门协同执行，由风险管理部负责监督执行并对执行情况及时跟踪和反馈。

3. 明确重大风险应对要求

管控年度重大风险，企业通常要注意以下几个要求。

（1）凡是重大风险事件，必须按规定章程决策应对，除遇重大突发事件或紧急情况外，必须经公司高层管理者通过会议形式集体决策，不得以会前酝酿、传阅会签、碰头会或个别征求意见等方式代替集体决策。

（2）在进行重大风险事件决策应对前，高层管理者要通过多种方式对有关议题进行充分酝酿，并要求相关部门之间必须及时进行沟通和磋商，但不得做出影响集体决策的决定。

（3）风险决策应对会议的与会人员须对会议的决策承担责任。若集体决策违反法律法规、公司规定，违背集体决策规则、程序、纪律要求，给公司、员工利益造成重大损失或严重不良影响，则高级管理层的主要负责人应当承担直接责任，参与决策的其他成员应当承担相应责任，参与决策的与会人员如果在表决时曾表明过异议，且该异议在会议记录中有明确记载的，可免予责任追究。

（4）凡属下列情况之一，给公司供应链业务造成重大损失或严重不良影响的，应对相关人员进行责任追究。

① 不履行或不正确履行重大与重要决策规则和程序的。

② 个人或少数人决定重大与重要事项的。

③ 未向领导集体反馈真实情况、提供可行方案而造成决策失误的。

④ 因特殊原因，未经集体讨论决定，个人决策且事后又不报告的。

⑤ 未按公司有关规定执行回避制度的。

⑥ 拒不执行集体决策或擅自更改集体决策的。

⑦ 执行决策后发现可能造成损失或影响，能够挽回损失或影响而没有采取积极措施的。

⑧ 在保密期间泄露集体决策内容或涉密材料的。

⑨ 会议记录严重不规范和篡改会议记录的。

11.2 风险管理的监督检查管理

11.2.1 风险管理工作自查和检验

自查和检验是指公司要求员工在风险管理目标执行的过程中,依据风险管理目标协议书和风险管理目标计划单中的相关考核要求,对目标的实现情况进行定期检查、检验,提交目标跟踪单,如表11-3所示。

表 11-3　目标跟踪单

跟踪事项	事项状态
部门名称	
岗位名称	
员工姓名	
时间	
风险管理目标	
风险考核要求	
风险应对措施	
应对措施实施计划及目标	
当前执行情况描述	
执行差异	
差异原因分析	

（续表）

跟踪事项	事项状态
下一步风险管理工作计划	
对公司供应链风险管理工作的意见和建议	

目标跟踪单一式三份，由每位员工填写，经目标执行人和上级管理人员签字后，一份自存，一份由部门保存，一份送相关部门存档备查。

11.2.2　风险管理策略、风险管理评估方法自查和检验

供应链风险管理策略、风险管理评估方法的自查和检验是一项专业性较强的工作，需要相关部门根据风险管控目标的实现情况，组织专业人员，定期对风险管理策略、风险评估方法的科学性、可操作性和有效性等进行审查。

风险管理策略、风险管理评估方法的自查和检验包括各业务部门的自查和检验及风险管理部的自查和检验，其方法主要有个别访谈法、调查问卷法、比较分析法、标杆法、穿行测试法、抽样法、实地查验法、重新执行法、专题讨论会法等。相关部门在进行自查和检验时可综合运用上述方法，并在条件具备时及时开发新的方法。

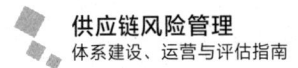

11.3 供应链风险管理体系的评审与改进

11.3.1 风险管理体系评审概述

供应链风险管理体系评审是指公司主要负责人对供应链风险管理体系运营后的评议和审查。

它主要建立在公司高级管理层对本公司建立的供应链风险管理体系的运行状况及风险管理体系对实现公司战略方针和战略目标的作用程度的了解的基础上，同时它本身也是供应链风险管理活动的一部分。

为使供应链风险管理体系保持适宜性、充分性和有效性，确保供应链风险管理体系符合实现公司供应链业务管理方针和目标的要求，公司要定期或不定期对供应链风险管理体系进行评审。

在实际运营过程中，公司最高管理者负责主持供应链风险管理评审活动，风险管理部则负责评审计划的制订，收集并提供供应链风险管理评审所需的资料，向高层管理者报告供应链风险管理体系的运行情况，提出改进建议，组织编写相应的管理评审报告，同时负责对评审后的纠正预防和改进措施进行跟踪和验证。

在运行供应链风险管理体系的过程中，企业要至少每年进行一次管理评审，可以结合内审结果进行，也可根据需要适当安排，当出现下列情况之一时，可以增加供应链风险管理评审的频次。

（1）公司组织结构、服务范围和资源配置发生重大变化时。

（2）发生重大质量事故或用户对质量问题发出严重投诉或投诉连续发生时。

（3）当法律、法规、标准及其他要求有变化时。

（4）所在市场发生重大变化时。

（5）即将进行第二、第三方审核或法律、法规规定的审核时。

（6）在产品或服务审核中发现严重不合格情况时。

（7）其他需评审的情况发生时。

11.3.2　评审过程控制

供应链风险管理体系的评审过程控制主要包括以下内容。

1. 制订评审计划

风险管理部于每次评审前一个月编制管理评审计划，报公司最高管理者审核批准。计划的内容主要包括评审时间、评审目的、评审范围、评审重点、参加评审部门（人员）、评审依据、评审内容和评审准备等。

2. 准备评审

评审准备包括以下三个方面内容。

（1）预定评审前十天，风险管理部以书面形式向公司最高管理者汇报现阶段供应链风险管理体系的运行情况并提交本次评审计划，评审计划由公司最高管理者批准。

（2）风险管理部负责收集、整理评审资料，指导公司各部门准备参加评审会议的讨论提纲等必要的文件，评审资料由公司最高管理者确认。

（3）风险管理部向参加评审的人员发放《供应链风险管理评审通知单》、本次评审计划和有关资料。

3. 评审输入

企业要精心准备供应链风险管理体系评审输入资料，其通常应包括与以下内容有关的当前业绩和改进机会。

（1）之前供应链风险管理体系内部审核的结果。

（2）利益相关者的情况反馈。

（3）供应链风险管理体系运营过程的业绩、成果和效果。

（4）预防和纠正措施的状况。

（5）以往供应链风险管理体系评审的跟踪措施。

（6）可能影响供应链风险管理体系的各种变更情况。

（7）供应链风险管理体系改进的建议。

4. 召开评审会议

公司最高管理者主持供应链风险管理体系评审会议，各部门经理和有关人员对评审输入做出评价，对于现有或潜在的不合格项提出纠正、预防或改进措施，确定责任人和整改时间。风险管理部对所涉及的评审内容做出结论，包括进一步调查、验证等。

5. 评审输出

评审输出主要包括以下内容。

（1）总结评审结果

企业要总结评审意见，尤其是对供应链风险管理体系及其过程有效性的改进意见，包括对供应链风险管理方针、目标、组织结构和过程控制等方面的评价。

在过程控制环节，企业要着重对评估方法的适合性与创新性，应对措施的有效性、缺失性和实施计划的执行情况进行综合评审。

（2）输出评审报告

会议结束后，风险管理部应根据管理评审输出的要求总结和编写《供应链风险管理评审报告》并上报公司最高管理者审批。经批准后的《供应链风险管理评审报告》由风险管理部负责发放至各相关部门，并监督执行。

风险评审报告的内容主要包括六个方面：公司供应链业务状况，供应链风险管理体系运行的总体情况，实施供应链风险管理体系审核和纠正预防措施的情况，利益相关者意见及处理情况的汇总分析，公司供应链风险管理体系具体的改进需求与措施及这些措施实施和验证的标准，供应链风险管理体系评审的结论等。

6. 跟踪验证

风险管理部根据《改进控制程序》的规定，对改进、纠正和预防措施的实施效果进行跟踪验证。

7. 风险文件管理

风险文件管理包括以下内容。

（1）如果评审结果引起相关的供应链风险管理文件更改，应执行《风险文件管理规定》。

（2）管理评审产生的相关记录应由风险管理部按《评审记录控制规定》中的相关要求进行保管，包括管理评审计划、评审前各部门准备的评审资料、评审会议记录及管理评审报告等。

11.3.3 风险管理体系运营持续改进

供应链风险管理体系运营持续改进是一项在整个公司范围内持续提高供应链风险管理活动效果、效率的综合过程，是公司各部门人员都要参与的一场突破性改进，也是一个长期的计划、组织、协调和检查的过程。

风险管理体系运营持续改进的目的非常明确，主要是为了调动公司全局性的资源，消除供应链风险管理体系运营中存在的系统性问题，使供应链风险管理水平在当前基础上更上一个新台阶，达到一个新高度、新水平。

在供应链风险管理体系运营持续改进的过程中，企业需要注意以下几个关键控制点。

1. 明确牵头单位及相关任务

风险管理部负责制订公司供应链风险管理体系运营改进的总体计划，监督各职能部门执行部门供应链风险管理体系运营改进计划，指导各部门进行供应链风险管理体系的运营改进。招标部、技术部和人力资源部等部门负责执行本部门的供应链风险管理体系运营改进计划,并根据计划实施条件的变化,随时调整计划及制订新计划。

2. 明确运营改进实施原则

供应链风险管理体系运营的改进实施原则包括以下几个方面。

(1)全员参与

供应链风险管理体系运营改进是全方位进行的,公司全体工作人员都需要参与到供应链风险管理体系运营改进的工作中来。

(2)全过程改进

开展全方位的供应链风险管理体系运营改进工作,是对供应链业务全过程的改进,横跨公司的十大业务。

(3)持续改进

供应链风险管理体系运营改进是以追求高效果和高效率为目标的供应链风险管理的持续活动。通过持续的供应链风险管理体系运营改进活动,企业可以提高自身的竞争力,消除或减少潜在风险。

(4)基于事实进行决策

在进行供应链风险管理体系运营改进前,风险管理部要做好数据信息的收集工作,在科学分析的基础之上制定供应链风险管理体系运营改进措施,保证各项供应链风险管理体系运营改进措施决策的正确性。

(5)预防性改进

各项供应链风险管理体系运营改进措施不仅要对风险进行事后检查与补救,还要对各项风险进行预防,防止同一风险重复出现。

3. 风险管理体系运营改进实施控制

风险管理体系运营改进实施控制包括以下几个内容。

（1）制定改进措施

风险管理部组织制定各项供应链风险管理体系运营改进措施的主要流程，首先，明确供应链风险管理体系的运行现状；其次，分析问题产生的主要原因；最后，确定各方面的改进措施。

（2）实施改进措施

风险管理部负责监督各供应链风险管理体系运营改进职能部门的运营改进过程，主要有以下五个方面内容。

① 对在供应链风险管理体系运营改进过程中发现的不适合的改进措施进行调整，制定新的适合工作场景的改进措施。

② 监督各部门供应链风险管理体系运营改进的进度，保证供应链风险管理体系运营改进措施按计划完成。

③ 对供应链风险管理体系运营改进的成本进行控制，防止供应链风险管理体系运营改进成本超出预算。

④ 指导各职能部门完成本部门的供应链风险管理体系运营改进目标，从而实现供应链风险管理体系运营改进的总目标。

⑤ 把握供应链业务变化规律，规避供应链风险管理体系运营改进风险。

（3）风险管理体系运营改进实施注意问题

在供应链风险管理体系的运营改进实施过程中，供应链风险管理部应避免出现以下问题。

① 对供应链风险管理体系运营改进的认识性不足，难以调动员工对供

应链风险管理体系运营改进的积极性,这需要事前进行广泛的动员。

② 对计划的传达和理解有误。

③ 没有对涉及供应链风险管理体系运营改进的员工做必要的教育培训。

④ 实施过程中的领导、组织和协调力度不够。

⑤ 供应链风险管理体系运营改进需要的资金、人力资源不足。

(4) 风险管理体系运营改进效果评估

风险管理部要负责对运营改进的效果进行评估,主要有以下三个方面的工作内容。

① 对供应链风险管理体系运营改进的效果要进行正确确认。

② 确认各部门是否严格按照计划实施了供应链风险管理体系运营改进对策、是否达到预期效果。

③ 对供应链风险管理体系运营改进不明显的项目要进行分析总结,找出问题所在,为下一轮的供应链风险管理体系运营改进工作提供依据。

(5) 风险管理体系运营改进评价方法

在实践中,供应链风险管理体系运营改进评价方法通常有以下三种,如表 11-4 所示。

表 11-4 供应链风险管理体系运营改进评价方法

方法	内涵
客户评价法	公司通过满意度来评价供应链风险管理体系运营改进的效果
公司评价法	在供应链风险管理体系运营改进工作完成后,通过对比供应链风险管理体系运营改进前后各项业务指标的变化,公司对供应链风险管理体系运营改进效果进行评价
专家评价法	在定量和定性分析的基础上,由专家对供应链风险管理体系运营改进效果进行分析与评价

第 12 章

塑造供应链风险管理文化

12.1 风险管理文化塑造

从风险意识到风险习惯再到风险文化，这是风险这一管理要素在一个组织中发展和演进的历程。

员工先有意识，并意识到风险的重要性，这是第一步；然后形成习惯，自然而然就想到了风险，就去规避，这是第二步；最后风险意识和风险习惯上升到组织层面，人人、事事都讲风险，这就形成了一种管理文化。

风险文化也是企业文化的表现之一，是企业的一种经营理念和经营价值观，也是需要经过长期的业务实践和认识形成的基本管理准则。

风险文化不是单独存在于组织之中的，是与其他的企业文化一起发挥作用的，共同推动着企业的发展。

12.1.1 融入企业文化

企业文化是企业在自身发展过程中形成的以价值观为核心的独特文化，是一种通过凝聚人心来实现员工自我价值、提升企业竞争力的无形力量。

成功的企业文化对外具有一定的引力作用，对内可以发挥凝聚力，是企业规避风险，提升竞争力的重要工具和推手。企业内部的各项管理最终都要融入企业文化，然后以企业文化这种独特方式对企业经营产生积极或消极的影响。

在塑造企业风险文化之前，风险管理部和风险管理人员首先要对企业文化塑造的一般规律有一定的了解，注意对以下几个关键事项的控制。

1. 明确企业文化的内涵

一般来说，企业文化的具体内涵如表 12-1 所示。

表 12-1　企业文化的三层内涵

企业文化三层内涵	说明
精神文化	• 企业使命； • 企业宗旨； • 经营理念； • 企业目标； • 企业愿景； • 企业精神； • 企业价值观； • 企业人才观
行为文化	企业在行为方面的各种标准化要求，如人际、沟通、执行、团队、技能、作风和服务等方面的各种标准
制度文化	企业各项制度、规范等

2. 主动塑造企业文化

企业文化塑造是指企业的领导者有意识地培育企业的优良文化，克服不良文化的过程，这一过程也被称为企业的"软管理"。

企业文化塑造一般包括五个方面的内容，如表 12-2 所示。

表 12-2 企业文化塑造的一般内容

企业文化塑造的内容	说明
培育优良价值观	培育具有优良取向的价值观念，塑造杰出的企业精神
提升员工素质	坚持企业的用人理念，全面提高企业成员各方面的综合素质
制定制度规范	制定、提倡和培训先进的管理制度和行为规范
加强礼仪建设	加强礼仪建设，促进企业文化的习俗化
改善环境形象	改善环境，塑造企业的良好内外形象

塑造企业文化通常包括以下三个步骤，即制定企业文化系统的核心内容、进行企业文化表层的建设及贯彻和渗透企业文化核心观念。

（1）制定企业文化系统的核心内容

企业价值观和企业精神是企业文化的核心内容。首先，企业价值观体系的确立应结合企业自身的性质、规模、技术特点和人员构成等因素。其次，良好的价值观应从企业整体利益的角度来考虑，以更好地融合全体企业成员的行为。再次，一个企业的价值观应该凝聚全体企业成员的理想和信念，体现企业发展的方向和目标，成为鼓励企业成员努力工作的精神力量。最后，企业的价值观中应包含强烈的社会责任感，使社会公众对企业产生良好的印象。

（2）进行企业文化表层的建设

企业文化表层的建设是指企业文化的物质层和制度层的建设，主要是从企业的硬件设施和环境因素方面入手，包括制定相应的规章制度、行为准则，设计公司旗帜、徽章和歌曲，建造一定的硬件设施等，为企业文化精神层的建设提供物质上的保证。

（3）贯彻和渗透企业文化核心观念

企业文化核心观念的贯彻和渗透主要包括以下内容：企业成员的选聘和教育，英雄人物的榜样作用，礼节和仪式的安排和设计，企业宣传口号的设计传播等。

3. 企业文化的维系

企业文化的维系不仅是招聘合适的人员和解聘不合适的人员，也不仅是企业管理者的口号和形象设计，而应该从企业文化的物质层面、制度层面和行为层面全面推行。具体内容如下。

（1）物质层面

① 企业故事。企业文化的许多基本信仰和价值观被表达在故事中，并成为企业故事的一部分。这些故事把当前的文化从老企业成员传到新企业成员，强调了文化的重要方面。

② 仪式和典礼。企业的仪式和典礼是有计划的活动和形式，有着重要的文化意义。仪式和典礼包括通过仪式、降职或提升仪式及各项庆祝典礼等。

（2）制度层面

① 招聘、选拔、提升和解聘的程序及有关配备企业成员到相应工作岗位的制度。谁将得到提升及提升的理由，谁将被解雇及解雇的理由等相关制度设定的标准，都将强化并证明企业文化的存在。这些制度被企业员工充分知晓并接受，能够更好地维系当前的企业文化。

② 奖励和地位的定位。员工会通过企业的奖励系统地学习企业文化，奖励和惩罚会把管理者个人和企业的优先考虑及价值观传达给员工。但是，

企业可能出现不一致或无效地使用奖励和地位象征的情况。如果出现这种情况就错过了文化影响的机会,因为在企业成员心目中,企业的奖励实践和它的文化有着强烈的联系。

(3)行为层面

① 角色训练、教学和培训。企业文化的各个方面通过管理者各自履行角色的方式传达给员工。此外,管理者和团队还可以把重要的文化信息并入训练中。价值观对行为的规范远胜于有形的约束,企业不可能全部用文字规范企业行为,但可以通过文化感染来实现行为的约束,并可以通过企业文化培训达成企业员工理念上的共识。

② 关注事件和对危机的反应。企业处理事件时会系统地将重要的、期望的信息传递给员工。当企业面临危机时,管理者和员工对危机的处理会提示文化的许多内涵。危机处理方式既能强化现有的企业文化,也能带来新的价值观念和推测,可以在一定程度上改变企业文化。

12.1.2 塑造风险文化

供应链风险管理体系的运营,最终要形成一种独特的、专属于企业的供应链风险管理文化(以下简称"风险文化")。它是供应链风险管理体系运营的结果,一旦形成,就可以对风险管理体系的持续、有效运营产生积极的影响。所以,在风险管理体系运营过程中,风险管理部要有意识地塑造企业的风险文化,引导员工积极地向企业需要的风险管理价值观和理念方向靠拢。

1. 塑造风险文化的原则

（1）拓宽延展而非再建

推进风险文化不是改造、再造企业的风险文化，而是在现有企业风险文化的沉淀上，对企业风险文化中的优秀一面加以总结、发扬和彰显，对隐性的不良企业风险文化进行清理、控制和消除，并补充一些新的风险理念、制度和规则等，强化企业优良风险文化的影响力。

（2）重点着力而非全面铺开

企业风险文化的推进工作如果在企业的风险理念文化、制度文化和行为文化等方面都展开，这种方式虽然全面但过于繁杂，因此企业风险文化的推进应选择从重点、与公司供应链业务关联度高的、员工容易接受的方面与形式进行着力推进。

例如，风险管理部可以从遵守法律法规、廉洁自律，严格遵守制度的层面重点着力，实现对风险文化的持续推进。

（3）系统跟进而非零散难继

每一项企业风险文化建设的举措，都应具有系统性和延续性，不能拘泥于单一的形式和单一的内容，应可挖掘、可深入且可延展，循序渐进，这才符合系统承接和更新延续的要求。

2. 建立风险文化宣传机制

（1）建立风险文化促进机制

风险管理部可以通过设立公司风险文化建设贡献奖、风险文化践行代表奖等形式，制定企业的风险文化宣传奖励政策，鼓励员工多发现、多宣传身边的能彰显企业风险文化的典型的人和事件。

（2）组织风险文化宣传监督人员

企业可以在人力资源部内设立企业风险文化专员岗，在其他部门选拔具有一定文字功底和热情的企业风险文化宣传通讯员。同时，风险管理部可以设立企业风险文化宣传监督小组，负责把握企业风险文化宣传建设的方向，监督评价稿件、案例的代表性等。

（3）开辟企业风险文化交流通道和宣传平台

企业风险文化交流通道和宣传平台主要有五种方式。

① 针对员工开展企业风险文化不定期问卷调查活动，了解员工对企业风险文化的了解、认同和行动状况。

② 建立通讯员队伍，随时采写企业风险文化宣传稿件，发现企业风险文化践行代表。

③ 汇集稿件和素材，以月或季度为周期编制企业风险文化宣传内刊。

④ 邀约公司高层撰写对企业风险文化建设认知和理解的文章，作为学习材料。

⑤ 在企业网站、微信公众号等新媒体平台开辟风险文化建设的专题或专栏，集中展示企业风险文化建设的成果。

3. 进行系统的企业风险文化培训

企业风险文化培训是指企业通过对全体员工重新进行系统的风险文化培训，使其检讨自身理解的误区和执行偏差，加深巩固企业风险文化倡导的主流思想和行为要求。

系统的企业风险文化培训主要包括三个方面。

（1）企业风险文化知识普及培训

企业风险文化知识普及培训内容主要包括三部分，如表 12-3 所示。

表 12-3　企业风险文化知识普及培训内容

培训内容	培训内容说明
企业风险文化基础知识培训	• 什么是企业风险文化； • 企业风险文化包涵哪些内容； • 为什么要建设企业风险文化； • 如何建设企业风险文化； • 企业风险文化的落地与传播
企业风险文化解读	• 企业风险文化精髓提炼讲解； • 企业风险文化案例分享
企业风险文化座谈	• 员工理解的企业风险文化； • 践行企业风险文化感悟； • 企业风险文化畅想

（2）进行法律素质教育

在公司供应链风险中，合规风险占据了重要部分。因此，进行供应链相关法律法规的培训，提升全体员工的法律素质，就成了供应链风险文化培训的必要组成部分。对此，公司可以聘请专门的法律专家，进行相关法律法规方面的专门培训。例如，针对采购实施过程的合规风险，企业可以请相关专家专门做一次或若干次《招投标法》的培训讲座。

（3）知名企业或同行业企业风险文化建设专项观摩学习

相关人员深入知名企业、同行业企业进行企业风险文化建设参观、考察，感受优秀企业风险文化的作用力，同时获得企业风险文化建设的思路和方法。

4. 策划、组织多形式的企业风险文化建设活动

企业风险文化建设活动的主要形式如下。

（1）企业开展征文、摄影和演讲等与企业风险文化相关的主题活动。

（2）企业回顾相关风险专业机构和专家的风险咨询、培训内容，同时加以扩展，要求各部门进行针对性的讨论。

（3）设置风采榜，企业通过深入基层、现场和业务部门内部，近距离接触公司员工，寻找到能恰当体现公司风险文化的场景或只言片语，并在风采榜上图文并茂地介绍先进典型，通过年度汇集的方式形成《企业风险文化图片故事集》。

5. 企业风险文化标准化建设

企业风险文化标准化建设主要有两方面的内容。

（1）企业定期或不定期对《公司基准风险库》《公司供应链风险管控手册》等进行更新，在理念、制度、行为文化等方面加以规范，同时纳入部门绩效考评体系。

（2）企业风险文化与视觉标准系统结合，如标准风险文件、标准风险量表和重大风险用红色警示等。

6. 形成风险管控文化氛围

通过供应链风险文化建设，公司要逐渐形成一种"人人重视风险管理、人人具有风险意识、人人传播风险文化、人人进行风险管控"的文化氛围。

12.2 风险管理文化应用

12.2.1 与人事制度结合

供应链风险文化的塑造要想真正落到实处、发挥作用，必须与公司的人事制度相结合。

1. 选拔合适的专业人才

供应链风险文化的设计、推进和塑造是一个综合性的系统工程，需要既懂得供应链风险管理，又懂得企业文化建设的复合型人才来开展。为适应这一用人需求，人力资源部在进行供应链风险文化建设人员选拔时要有所侧重，要及时明确相关的招聘制度、规范和要求，做到有的放矢。

2. 协助推进风险文化培训

在公司供应链风险文化建设过程中，对员工的相关培训是一个重要的活动。为适应这一建设模式，人力资源部要及时与风险管理部沟通，根据供应链业务的特征更新公司的培训制度，同时将风险文化培训纳入来年的培训计划之中，并提前做好资金、人员和课程等方面的准备。

3. 制定风险文化建设激励制度

风险文化建设要想落实到位，离不开对相关工作人员的激励，因此，人力资源部要根据风险文化建设的实际工作，制定相应的激励制度。

更重要的是，人事管理活动的内容本身就是一种变相的激励。招聘什么样的人，选拔什么样的人，提升什么样的人及解聘什么样的人都在从另外一个角度传达着企业的价值观和理念，都在以一个特殊的存在强化并证明着企业风险文化的模式。

例如，人力资源部如果对提出风险管控建议的活动进行正向激励，提升相关员工的职位，并形成相应的制度、规范，将会大大推进公司的风险管理进程，促进公司风险文化的形成。

12.2.2 与绩效奖励制度结合

为更好地激励员工参与供应链风险管理活动，塑造公司的风险文化，供应链风险文化的管理必须与公司的绩效奖励制度相结合。

公司可以设立风险文化奖，对年度重大风险避免事件和及时发现风险的典型事件进行总结表彰，连续3年以上都有重大发现的或避免了重大风险的人员，公司可以进行物质奖励和绩效工资奖励，以便激发广大员工参与到风险文化的建设中来。